JN409400

토마토

그 짭짤한 레시피

토마토
그 짭짤한 레시피

배혜숙 수필집

수필과비평사

| 책머리에 |

"왜 이렇게 시시해. 뜨거움도 차가움도 없잖아."

시인 친구가 자주 하는 말입니다.

"이건 당신만이 쓸 수 있어요."

오랜 도반인 그녀의 격려도 있었답니다.

"글이 너무 늙었잖아요."

콕콕 찌르며 딸은 수시로 나무랍니다.

이런 어쭙잖은 글들을 모았습니다. 묻어 두었던 불씨를 꺼내 지펴봅니다.

그 온기가 누군가의 가슴에 닿기를 바라는 것은 욕심일지도 모릅니다.

■ 차례

1부
구빙담 커피

2부
차갑고 서럽고 또 단단하다

3부

싸움의 기술

4부

신기료장수

5부

토마토 그 짭짤한 레시피

1.

구빙담 커피

선생님 생전에 고택은 멋진 찻집이었다. 사랑채 마당의 백 년 묵은 매화나무에 꽃이 피면 기별이 왔다. 매화 향기를 마시러 오라고. 그뿐 아니라 모란이 붉게 피었다고 불렀고, 연꽃이 피는 여름이면 아예 솟을대문 앞에서 목을 빼고 우릴 맞이하셨다. 겨울밤에 별이 무리 지어 마당에 내려앉는다고 해서 바람을 가르고 달려갔었다. 그때마다 선생님은 맑은 차를 우려내어 정성껏 따라주셨다.

구빙담 커피

일본영화 오기가미 나오코 감독의 〈카모메 식당〉은 느림의 삶을 보여주는 영화다. 주인공 사치에는 갈매기 도시 헬싱키에 일본식당을 연다. 그러나 한 달째 아무도 찾아오지 않는다. 드디어 첫 손님이 찾아와 커피를 주문하고 또 한참을 지나 한 남자가 온다. 그 남자는 사치에에게 맛있게 커피 내리는 법을 알려준다. 커피가루가 담긴 드리퍼의 가운데를 검지로 살짝 누르며 '커피 루왁' 하고 짧게 주문을 외고 물을 부어내린다. 달라진 것은 아무것도 없는데 손님들은 맛있는 커피를 마시고 표정이 밝아진다. '커피 루왁' 그 주문은 바로 사치에의 마음이었다.

구빙담이 드디어 문을 열었다. 간판이 걸리고 밤이면 네온등을 밝혀 주위의 관심을 끌어온 지 꼭 여덟 달 만이다.

커피 잔과 물고기가 그려진 〈커피 볶는 집〉이라는 간판을 보고 곧 문을 열려는가 보다 했다. 그러나 길가에 낙엽이 수북이 쌓이고 겨울이 와도 잠잠했다. 산책길에 들여다보니 대형 커피 볶는 기계가 한 자리를 차지하고 있어 크리스마스쯤이면 신선한 커피콩을 살 수 있으리라 기대했다. 그런데 해가 바뀌고 벚꽃이 흐드러지게 날려도 탁자와 의자에 비닐커버가 그대로 씌워져 있었다.

하루는 집으로 돌아오는 길에 일부러 차를 세우고 안을 살펴보았다. 장삼자락을 휘날리는 스님의 진두지휘 아래 인부들이 실내장식을 하고 있었다. 마지막 공사를 하는 듯했다. 웬 스님이 저런 공사를 할까 의아해하면서, 늦어도 모란이 필 때쯤이면 그곳에서 커피를 마실 수 있을 것이라 내심 기대를 했다. 그런데 가게 문은 또 굳게 닫혀버렸다. 유리문에 쓰인 형이상학적인 문구만 선명했다. 창 너머로 보니 여러 나라의 커피잔과 각종 앤티크 커피밀이 벽을 가득 메우고 있었다. 아파트 담의 줄장미도 피었다 지고 장마가 시작되었다. 비가 종일 추적대는 어스름 저녁, 불빛이 환한 커피 집으로 사람들이 드나드는 것을 발견하고 반가운 마음에 얼른 문을 밀고 들어갔다.

구빙담은 우리 동네서 얼마 떨어지지 않은 사일마을 달성서씨 종가 솟을대문 앞에 있는 연못이다. 그곳은 내가 존경하는 시인 서 선생님 댁이다. 종가의 8대 종손이신 선생님은 평생 종택을 지키다 9년 전 돌아가셨다. 오래전 서씨 집안 후손이 엄동설한에 이 연못에서 잉어를 구해 어머니 병환을 고쳤다 하여 구빙담求氷潭이라 불린다고 한다. 서 선생님은 연꽃이 만개한 어느 여름 날 내게 그 전설을 들려주셨다. 선생님 댁 구빙담이 왜 길가로 나와 커피집이 되었는지 궁금했다. 간판에서 유영하는 물고기 한 마리는 그 잉어가 분명했다.

물고기들이 헤엄치는 넓은 연못을 상상하며 가게로 들어섰지만 가게 안은 생각보다 좁고 복잡했다. 더구나 벽 전체를 현란한 그림의 커피 잔이 빈틈없이 메우고 있어 여유가 없어 보였다. 여백의 미가 빠져버린 공간에선 커피 맛을 제대로 즐길 수 없었다. 무엇보다 구빙담 커피에서 돌아가신 서 선생님의 선비다운 꼿꼿함과 함께 온후한 품성을 느끼려 했는데 그런 분위기는 아니었다.

선생님 생전에 고택은 멋진 찻집이었다. 사랑채 마당의 백년 묵은 매화나무에 꽃이 피면 기별이 왔다. 매화 향기를 마시러 오라고. 그뿐 아니라 모란이 붉게 피었다고 불렀고, 연꽃이 피는 여름이면 아예 솟을대문 앞에서 목을 빼고 우릴 맞이하셨다. 겨울밤에 별이 무리 지어 마당에 내려앉는다고 해서 바람을 가르고 달려갔었다. 그때마다 선생님은 맑은 차를 우려내어 정성껏 따라주셨다.

장마가 길어지고 있는 동안 가끔 구빙담에 들러 커피를 마신다. 맛이 그렇게 달라지지 않는다. 내 입맛에 맞지 않으면 어떠랴. 모든 일에는 기다림이란 것이 있다. 카모메 식당 주인 사치에는 손님이라곤 한 사람도 찾아오지 않는데 아침마다 꿋꿋하게 음식 준비를 한다. 그러다 하나둘씩 사람들이 모여들고 모든 메뉴들은 인기를 끌게 된다. 좀 느리게 사는 것도 괜찮다. 숙성이든 숙련이든 시간이 해결해준다. 물고기 간판을 내걸고 팔 개월이 지나서 문을 열었다. 준비 과정이 길었던 만큼 커피 맛도 시간이 지나야 깊이를 더할 것이다. 이백 년을 훨씬 넘긴 고택도 건재하고 백 년 묵은 매화나무도 해마다 꽃을 피우는데 기다림이란 축복이다.

구빙담에는 공사 때부터 보이던 스님이 자주 와 계신다. 가게 주인이 분명하다. 때문에 서 선생님과의 관계도 묻지 못하고 망설이고 있다. 스님은 커피 잔을 기울이며 사람들과 이야기도 하고 혼자 커피를 내려 마시기도 한다. 스님과 커피는 어쩐지 어울리지 않는다. 마음의 평정을 찾기 위해 공부하는 스님과 각성 음료인 커피는 어떤 관계일까. 세월이 바뀌면 관념이나 소통의 방식도 달라지기 마련이다. 그런데 스님을 자세히 보니 커피를 내리기 전 잠깐 합장을 하는 것이 아닌가. 분명 진언도 함께 했을 것이다. '관세음보살'인지 '나무아미타불'인지 알 수 없지만. 스님의 마음이 담긴 커피는 선방에 부는 청량한 바람 같은 맛일까.

서 선생님이 돌아가신 건 유월의 마지막 날이었다. 초여름,

병실을 찾았을 때 움푹 들어간 볼과 야윈 몸에 눈빛만은 형형했다.

'배 선생, 구빙담에 연꽃 피면 연차 마시러 꼭 오너래이. 향기가 얼매나 좋은데.'

내 손을 잡으며 한 마지막 말씀이었다. 선생님은 집으로 오시지 못하고 향기로운 연차도 나누어 마시지 못하고 떠나셨다. 연꽃 봉오리가 막 올라올 무렵이었다.

지금 시원한 연차를 마시기에 딱 좋은 계절이다. 그러나 나는 구빙담 의자에 앉아 연차가 아닌 커피를 마주하고 있다. '관세음보살' 돌아가신 서 선생님을 위해 진언을 하고 천천히 커피를 마신다. 커피 맛이 한 달 전과는 확연히 다르다. 시원하고 깔끔하게 입안을 맴돈다. 마치 연차를 마실 때처럼.

내게 커피를 내려준 젊은 남자는 주문을 외웠을 것이다. '커피 루왁'이면 어떻고 '관세음보살'이면 또 어떠랴. 마음을 담은 커피임에 틀림없다.

가릉빈가

'가야지 가야지 꽃 피고 새 울면 나는 가야지
산 넘고 물을 건너서 혼자 가야지.'

그렇고말고. 그 길을 누가 대신 갈 수 있으랴. 소리꾼 김영임은 애절하게 노래하고, 앳된 얼굴의 여인은 아른아른 춤을 춘다. 부처님이 앉아 계신 법당은 이승의 번뇌를 소멸하는 극락이 된다. 아무도 같이 갈 수 없는, 홀로 가는 그 길에 외롭지 말라고 춤꾼이 온몸으로 위로를 한다.

깨달음의 세계로 인도했던 작법무가 끝나고 마지막 춤 공양인 극락무는 망자를 극락으로 들어서게 하는 춤이다. 한 송이 연꽃을 연상시키는 의상을 입은 춤꾼은 좌종으로 만물을 깨운다. 그 소리가 맑고 그윽하여 부처님도 빙긋이 웃으며 대중을 내려다본다. 소리란 본디 마음을 움직이는 것. 법당 뒤뜰에 핀 백일홍도 그 나무에 깃들어 사는 벌레들도 청량한 소리에 귀를 모은다.

좌종을 내리고 양손에 연꽃을 높이 든다. 두 송이의 연꽃이 둥실 떠오르더니 그 위로 망자의 혼이 실리고 버선발이 사뿐사뿐 나아간다. 저 여인의 치맛자락 끝을 잡으면 나도 극락세계로 갈 것 같아 몸이 절로 앞을 향한다.

'꽃이 피면 꽃에서 자고 바람 불면 바람에 자고
머나먼 길 울며울며 혼자 가야지.'

하마 그 길은 멀기도 하다. 한번 가면 오지도 못할 길이라서 울며 가는데 환한 연꽃으로 가는 길을 밝혀주나 보다.

49일 만에 영혼을 천도하는 의식은 영산재로 치러졌다. 영산재는 석가모니가 인도 영취산에서 법화경을 설법하던 영산회상을 상징하는 불교 의식이다. 영산재에는 범패와 작법무 같은 불교 예술이 함께 공연된다. 범패에는 반드시 춤이 따른다. 바라춤, 나비춤, 법고춤이 그것이다. 범패는 진리를 노래하고 작법무는 그 진리를 춤으로 보여 주는 것이다. 부처님을 찬탄하고 공양을 올림으로써 그 공덕으로 극락왕생을 기원하는 의례이다.

젊은 여인의 발끝은 왜 그리 사뿐하고 가볍던지. 그녀의 표정은 왜 그렇게 무념무상의 절정을 보여 주었던지. 나도 발끝으로 서면 그대로 춤사위가 나올 것 같았다.

제일 처음 보여준 살풀이춤은 망자가 이 세상에서 쌓았던 업장을 소멸하고 훨훨 떠날 수 있도록 한을 풀어냈다면 모란꽃을 양손에 들고 추는 나비춤은 부처님의 공덕을 굽이굽이 펼쳤다. 그 정도라면 해탈에 들지 않을 수 없으리라. 사물에 맞춰 추는 바라춤은 절제된 자유로움이 있으나 장중하고 경건했다. 법고춤은 용약환희勇躍歡喜, 즉 뛰어오르듯 활기가 넘쳤다. 북채의 움직임도 시원시원 거침이 없었다. 밖에는 초여름 비가 부슬부슬 내려 나뭇잎에 굵은 방울로 맺히는데 법당 안은 한바탕 춤판이 펼쳐졌다. 부처님께는 꽃 공양이 최고라고 누누이 말하고 다녔건만 도량을 청정하게 하여 마음을 정화시키는 춤 공양이 최고였다.

'우리 절 부처님은 마음씨도 좋아
오냐오냐 잘 가라고 나무아미타불'

어찌 부처님만 잘 가라고 기원할까. 법당에 모인 아들딸은 물론 나도 세상일 다 잊고 극락왕생 하라고 나무아무타불을 외고 또 외고, 무릎 꿇어 절을 하고 또 한다.

처음 보는 극락무가 전혀 낯설지 않다. 경주 포석정에서 출토된 통일신라시대 수막새에 새긴 가릉빈가의 모습과 꼭 닮았다. 쭉 뻗은 긴 다리와 활짝 펼친 날개가 얼마나 역동적인가. 머리는 사람이지만 새의 몸을 하고 극락정토에 산다는 상상의 동물인 가릉빈가. 백제나 신라 사람들은 물론 고려인들도 흠모의 대상이 아니었던가. 그리하여 기왓장뿐만 아니라 탑이나 건축물에도 끊임없이 새겨 넣었고 산속 암자인 백흥암의 수미단을 화려하게 장식했다. 설산에서 천 년을 산다는 가릉빈가는 인간이 비상하고자 하는 최고의 상징이다. 그렇다면 극락무는 바로 춤과 노래로써 부처님을 찬탄하는 가릉빈가의 모습이다. 사장어른은 그렇게 가릉빈가가 살고 있는 서방정토를 향해 부처님과 우리들의 배웅을 받으며 홀로 간다.

활짝 피어났던 연꽃을 살짝 오므린다. 그리고 영가와 부처님을 향해 춤꾼은 깊이 절을 한다. 그렇게 극락무가 끝이 난다. 동시에 사십구재 의식도 마친다. 나는 대웅전 높은 천장을 바라보며 한참을 서 있어 본다. 가릉빈가 한 마리가 어디쯤 숨어 있을까 싶어서이다.

영산재는 사바세계를 떠나는 망자를 위로하는 법식이지만 한편으론 산 사람을 위한 한바탕 축제이다. 49일 동안 망자와 함께했던 무겁고 어두웠던 시간을 내려놓고 가뿐한 마음을 담아 극락왕생을 축원하는 자리다. 범패와 함께 춤으로 모두의 마음을 어루만져 준다.

법당을 나오다 아버지를 떠나보내느라 어깨가 축 처진 올케의 옷자락을 슬며시 당긴다. 그리고 귀에 속삭인다.

“나 죽거들랑 다른 거 말고 저 극락무는 꼭 보여주게나.”

내 말이 너무 진지했는지 눈언저리가 촉촉해진 올케가 내 손을 꼭 잡고 그러마고 약속을 한다. 농담인 듯 아닌 듯한 말에 진심을 담아 대답하는 그녀가 고마워 나도 어깨를 감싸준다.

절 마당에 서서 보니 지리산 천왕봉이 높이 올려다보인다. 그러고 보니 절집이 앉은 자리가 편안하고 아늑하다. 멀리 산등성이로 새 한 마리가 날고 있다. 수직으로 비행하는 눈부신 날갯짓이 눈에 익은 모습이다. 쭉 뻗은 두 다리가 극락정토를 향해 거침없이 오르는 그것은 분명 가릉빈가다. 망연히 서서 흐릿한 하늘을 바라본다.

나를 보여 줍니다

요한 세바스찬 바흐를 좋아하고

라세 할스트롬 감독의 영화를 좋아하고

심리학자 칼 구스타프 융을 좋아한다.

만화 '파페포포' 메모리즈의 작가인 심승현의 프로필이다.

나를 보여 주는 것은 단순 명확할수록 상대에게 깊이 각인된다. 나는 작가의 프로필에 관심이 많다. 책 내용보다 꼼꼼히 따져가며 읽는 버릇이 있다. 가끔 프로필에 흠뻑 빠져 작품을 좋아하게 된다. 초등학교 이후로 만화를 그다지 좋아하지 않았는데, 심승현의 명쾌한 약력에 끌려 열렬한 애독자가 되었다. 작가의 프로필을 살펴보는 것은 책을 읽는 준비단계로 쉼호흡을 하는 자세다. 작가에 대해 생각할 여백을 마련해 주는 것도 독자에 대한 배려다.

그의 만화는 프로필처럼 미쁘고 진실했다. '파페 포포' 시리즈를 읽고 매번 망설이지 않고 별점 다섯 개를 주었다. 어른들을 추억 속으로 끌어들이는 담백한 문장, 사소한 것에 대한 따뜻함, 동화적이지만 철학적인 사유의 깊이가 느껴지는 그림과 글은 한 번도 나를 실망시키지 않았다.

요한 세바스찬 바흐를 좋아한다. 그보다 분명한 자기 세계가 어디 있을까. 그런 확고함은 작품에 신뢰를 준다. 바흐 음악을 좋아하는 나 또한 공감대가 형성되고 책장을 넘기지 않아도 바흐의 〈무반주 첼로 모음곡〉을 들을 때처럼 충분한 감동이 전해진다. 바흐를 통해 주인공 파페와 포포도 만나는 즐거운 착각에 빠져든다.

라세 할스트롬은 낯설었다. 하지만 만화가 심승현이 좋아한다기에 라세 할스트롬 감독의 작품들을 일부러 찾아보았다. 몇 해 전 본 영화 〈초콜릿〉을 만든 스웨덴 출신의 감독이었다. 사실 그 영화를 보면서 줄리엣 비노쉬의 황홀한 연기에 푹 빠졌었다. 달콤 씁쓸한, 그리고 시큼하고 오묘한 맛의 그 영화는 많은 사람들에게 따뜻하고 밝은 인간애를 보여주었다. 그러나 감독에 대해서는 관심을 갖지 않았었다. 그의 데뷔작인 〈개 같은 내 인생〉은 12살 개구쟁이의 성장이야기로 훈훈하고 풋풋했다. 인간이 가지는 결핍도 유머로 그려내는 감독이었다.

영화를 보면서 나는 라세 할스트롬 감독과 심승현 사이를 기웃거렸다. 인간에 대한 성찰로 귀결되는 두 사람의 작품이 전하는 공통된 메시지를 읽을 수 있었다. 라세 할스트롬 감독의 뛰어난 연출력은 역시 여백을 살려 휴머니티를 제대로 끌어내는 데 있었다.

내 나이 스물을 갓 넘어서던 해, 심리학자 칼 구스타프 융에 빠졌었다. 사는 일이 불투명하고 미래에 대한 불안으로 불면의 밤을 보낼 때였다. 늦은 밤에 그의 언어들을 건져올리며 혹 그가 연금술사가 아닐까 수없이 반문을 했었다. 그는 섬세한 감정의 소유자였다. '인류는 무의식의 힘에 이끌리고 무의식을 향해 가고 있다'는 무의식에 관한 글들은 지금도 생생하게 기억된다. 그래서 나는 작가와 공범자가 되어 '파페 포포' 시리즈를 머리가 아닌 가슴으로 만난다. 가끔 무의식의 세계에 빠져 책장을 넘기다 파페의 큰 눈에, 포포의 길고 풍성한 머릿결에 빠져들기도 한다.

자신을 보여주기 위해 필사적인 사람들이 종종 있다. 굵직한 직함과 함께 끝없이 이어지는 학력을 고딕체로 찍은 명함을 억지로 건네는 사람도 있다. 작가는 작품으로 자신을 보여줄 때 진실하다. 아무리 숨기려 해도 그 속에서 내면세계가 표출되고 그 품성이 전해진다. 작품과 관련 없는 수많은 단체에 발을 담그고 화려한 경력을 과시하는 프로필은 현기증을 일으킨다. 그건 작품을 읽는데 방해가 될 뿐이다. 순수한 글 읽기에 걸림돌이 되어 끝까지 읽을 수가 없다. 프로필에 온통 수상 경력뿐인 사람도 있다. 내용은 별것 아니니 경력이나 보고 만족하라는 경고문 같아서 도무지 책장을 넘길 수가 없다. 작가에게 한 걸음 다가서는데 그런 도식적이고 구태의연한 것들은 도움이 되지 않는다.

평생 명함 한 장 지녀본 적이 없어도, 프로필 같은 것을 써본 적이 없는 사람도 자신을 분명하게 보여준다. 요리사는 맛있는 음식으로, 정원사는 생명의 푸름으로 자신을 이야기한다. 장인은 혼을 불어넣은 작품으로 그의 정신세계를 만인에게 보여준다.

지난해 전시회 초대장을 받았었다. 오랫동안 작품 활동을 했지만 별로 알려지지 않은 이 노 화가의 프로필은 단 한 줄이었다. 그분의 얼굴 사진 아래 40년 동안 오직 그림만 그렸다고 쓰여 있었다. 깊이 팬 주름살이 그의 이력서였다. 백발의 온화함이 작가의 인생관을 그대로 말해 주었다. 부드러운 눈빛은 모두에게 신뢰를 안겨주었다. 나는 오랫동안 이 사진 한 장에서 눈을 뗄 수가 없었다. 그분의 담박함으로 인해 작품도 보기 전에 푹 빠져들고 말았다. 삶의 흔적이 고스란히 담긴 단 한 줄의 약력은 유쾌한 상상을 마음껏 하게 했다.

몇 해 전에 부천의 만화 박물관으로 〈파페포포 메모리즈〉 특별전을 보러 갔었다. 한쪽 벽은 비어 있었다. 심승현의 깊은 속내가 슬쩍슬쩍 드러나는 것을 놓치지 않고 보기 위해 작품 앞에 오래 서 있었다. 라세 할스트롬의 영화처럼 약간의 몽환적인 냄새도 풍겼다. 비어 있음은 바흐의 〈브란덴 부르크 협주곡〉을 들을 때처럼 편안했다. 그렇게 자신을 은근히 감출 줄 아는 남자였다.

책을 낸다면 나는 어떤 프로필을 넣어야 할까? 심승현은 수상경력도 많고 이력이 화려하여 보여줄 것이 많은 작가다. 그런 것들을 모두 숨기고 짧은 프로필을 쓰는 것은 자신감일수도 있다. 나는 아무것도 내보일 것이 없는데도 괜히 걱정이 앞선다. 욕심이 앞서면 보여줄 수 있는 것은 그 비례로 줄어들고 말 것이다.

심승현의 〈파페포포 안단테〉를 읽는다. 어른이 읽는 마음의 동화다. 안단테, 안단테, 안단테. 내가 좋아하는 단어다. 조금 느리게, 천천히, 욕심을 확 걷어내자.

비밀

관객은 스무 명 남짓 되어 보였다. 극장 안에 드문드문 앉은 사람들은 나처럼 어중간하게 나이가 든 여자들이었다. 양장점에 대한 비밀이 하나쯤 있거나 맞춤옷에 대한 향수를 품고 온 것이 틀림없어 보였다. 그들의 차림새에서 알 수 있다. 제일 눈에 띄는 관객은 손자와 아들의 팔에 의지해서 들어온 키가 작은, 여든은 훨씬 더 되어 보이는 할머니였다. 단정한 매무새지만 걸음걸이가 몹시 불편해 보이고 허리도 반쯤 굽었다. 영화 〈미나미 양장점의 비밀〉을 슬며시 풀러 온 할머니는 분명 동네 골목길의 작은 양장점 주인이었을 것이다. 한땀 한땀 바느질해 보지 않았다면 불편한 몸을 손자의 팔에 의지해 극장에 올 리가 없지 않은가.

영화의 첫 장면부터 나는 강하게 매료되었다. 주인공의 할머니 때부터 쓰던 소품들이 화면에 죽 나타났다. 무거워 보이는 재단 가위, 크고 작은 단추, 골무와 바늘방석, 바랜 듯한 여러 색의 실타래, 그리고 낡은 재봉틀까지. 무엇보다 감각적인 수선사 '미나미 이치에'의 작업복인 푸른색 드레스에 시선이 고정되고 말았다.

시내의 중심가, 이름난 양장점의 쇼윈도우에 팔등신의 마네킹이 입고 있던 옷들은 내겐 물속에 비친 달이었다. 만져볼 수도 욕심을 낼 수도 없었으니까. 그래도 마네킹이 새 옷을 갈아입으면 일부러 그 앞을 지나다녔다. 가끔 두꺼운 유리벽에 코를 박고 한참이나 들여다보곤 했다. 양장점의 이름이 하나둘 의상실로 바뀌더니 내가 스물을 넘길 무렵에는 세련된 디자인의 브랜드 기성복이 나왔다. 의상실 맞춤옷에 버금가는 비싼 가격의 유명 상표 옷은 빈한한 사람들에게는 야박하긴 마찬가지였다.

어머니는 반나절이면 내 원피스 한 벌을 뚝딱 만들었다. 그래서 옷가게에서 새 옷을 사는 법이 없었다. 어머니가 재봉틀을 돌리는 것이 몹시 싫었다. 친구들이 입고 있는 옷은 무늬도 다양하고 모양도 개성이 넘쳤지만 내 옷은 아니었다. 유행 지난 어머니의 한복을 리폼한 색이 바랜 짧은 치마, 아버지의 양복바지를 뒤집어 만든 반바지, 작아져 못 입게 된 옷들을 자르고 잇대어 장만한 긴 윗옷은 아무리 봐도 어색했다. 중학교 때,

아버지의 낡은 와이셔츠의 칼라 부분만 떼어 낸 리폼 여름 교복은 상상만 해도 끔찍했다. 다른 아이들의 교복은 새하얗고 반짝거리는데 내 옷만 누런빛이 돌았다. 나는 땅만 보고 걸었다. 어머니의 재봉틀을 내다 버리고 싶었다.

고등학교 때는 새 천으로 교복을 맞춰 입었지만 친구들의 옷하고는 비교가 되지 않았다. 시내 큰길가에 있는 송옥양장점이나 브라질양장점의 교복은 때깔이 달랐다. 천도 고급스러웠지만 어딘지 모르게 매끄러워 보였다. 같은 플레어스커트라도 일류 양장점의 옷은 아래가 나팔꽃처럼 자연스럽게 주름이 잡혀 뒷모습이 아주 예뻤다. 상의도 허리부분이 잘록해서 스커트랑 잘 어울렸다. 그런데 교복을 전문으로 한다는 학교 앞 양장점에서 맞춘 내 옷은 아무리 봐도 맵시가 나지 않았다. 내가 불평을 할라치면 어머니는 옷이 아니라 그 친구들의 몸매가 다르다고 단정을 지어 버렸다.

그 이후에도 내 옷들은 대부분 어머니의 야심찬 작품들이었다. 양장점이나 양복점에서 얻어온 자투리 천으로 등산복 조끼도 척척 만들어 내고 빳빳한 수영복도 거침없이 나왔다. 잠옷이나 평상복은 말할 것도 없었다. 스물을 넘긴 가을이었다. 어머니가 큰맘 먹고 천을 끊어와 내 원피스를 만들었다. 송옥양장점의 쇼윈도우를 장식한 것보다 훨씬 멋있었다. 화사한 꽃무늬가 그려진 새 옷감 앞에서는 어머니도 남다른 각오를 보였다. 디자인이며 바느질이 전문가 수준이었다. 이제껏 불신해온 어머니의 바느질 솜씨를 그 원피스 한 벌로 완전히 상쇄시켜버렸다. 거기까지였다. 나는 더 이상 어머니가 만들어 주는 옷을 입지 않았고 양장점의 맞춤옷에 연연해하지 않았다. 여러 기성복 브랜드가 나와 사람들의 관심은 자연스레 그 쪽으로 쏠렸다.

그런데 사건이 생겼다. 대학을 졸업하고 서울 고모네 집에서 반여 년을 보낸 적이 있었다. 앞날이 뿌연 안개 속이라 편입을 해서 다른 공부를 해볼까도 싶었고 잡지사에 취직할 생각도 있었다. 그때 서울 사는 사촌오빠가 결혼을 했다. 새언니는 토박이 서울 여자였다. 어쩐지 가까이 가기가 어려워 슬슬 피해 다녔는데 내게 옷 한 벌을 지어 주겠다고 했다. 알고 보니 결혼 전까지 잘 나가는 양장점을 운영했었다. 맞춤옷에 대한 불신이 있어 망설이고 있는 사이에 언니는 동대문시장에서 옷감을 끊어오더니 치수를 재고 마름질을 하여 내가 지켜보는데서 멋진 옷을 탄생시켰다.

여름이 시작될 무렵이라 연한 하늘색으로 만든 재킷과 바지였다. 근사한 의상용어로 팬츠슈트라고 했다. 아, 그 옷은 날개옷이었다. 내 신체 조건을 고려해 디자인을 했기에 재킷은 약간 기형적인 짧은 허리를 커버할 수 있었고 바지는 당시 유행하던 나팔바지였다. 무릎까지는 살짝 붙고 무릎에서 발목까지

과하지 않게 퍼지는 모양은 세련미가 돋보였다. 그러니까 내 체형에 맞춤한 옷이었다.

여름이 시작되자 나는 서울 생활을 접어야 했다. 갑자기 발령이 났다. 첫 출근하는 날, 당연히 언니가 지어준 그 팬츠슈트를 입고 갔다. 여름이 다 갈 때까지 그 옷을 즐겨 입었다. 아버지는 온 동네 먼지를 쓸고 다닌다고 싫어했지만 나팔바지를 입으면 날개 하나를 단 기분이었다. 무엇보다 싸구려 합성 피혁구두를 살짝 가려주는 그 길이가 마음에 들었다.

사람들은 꼭 물었다. 어디서 맞춘 옷이냐고. 나는 서울이라고 짧게 답했지만 모두들 유명한 의상실이라고 믿어버렸다. 그 이상은 답을 하지 않았으니까. 근사한 팬츠슈트에 맞춰 머리에 웨이브도 넣고 걸음걸이도 좀 당당해졌다. 어머니의 꽃무늬 원피스 이후에 맞춤옷에 대한 내 불신을 지워준 또 하나의 사건이었다.

사촌 오빠가 여러 해 전 돌아가셨고 언니와 만날 일도 없는데 가끔 팬츠슈트를 입고 출근을 하는 젊은 여자들을 볼 때마다 옷 한 벌로 내게 당당한 직장인이 되게 해 준 그 시절이 그립다.

영화 속에 나오는 옷들은 내 마음을 달뜨게 했다. 새언니가 지어준 맞춤한 옷을 입고 다닌 그 여름날처럼. 극장을 찾은 중년을 넘긴 여인들도 나처럼 〈미나미 양장점〉의 옷을 입고 싶어 찾아왔을 것이다. 적막감이 도는 골목 안쪽, 낡은 바느질 도구들이 있는 작업실에서 만든 이치에의 장인 정신이 배인 옷을 입을 수 있다면 남은 생은 더할 나위 없이 넉넉하리라. 재봉틀의 페달 밟는 미세한 소리도 그 속에 담겨 있을 테니까. 그것을 마음속 비밀로 간직한 채 모두들 영화의 엔딩크레딧을 평온하게 보고 있다.

대칭을 위하여

'대칭'이란 수학용어를 좋아한다. 그 속엔 '참이요, 진리요, 아름다움이다.'라는 의미의 숨은 그림이 들어있다. 가끔 대칭이란 단어가 잘 다듬어진 시의 언어처럼 느껴진다. 나비의 날갯짓이 눈부시게 아름다운 것은 양 날개가 대칭이기에 가능하다. 다보탑이나 석가탑이 최고의 조형물로 만인의 시선을 끄는 것은 좌우대칭이 절묘하기 때문이다.

하나의 점과 선, 평면을 사이에 두고 같은 거리에서 같은 모양으로 마주 본다는 것, 즉 대칭은 완벽함이다. 수학에서 숫자를 나열하지 않는 도형 공부는 흥미를 끌었다. 가르치는 입장에 있을 때도 이 단원은 자신감이 넘쳤다. 특히 대칭축을 중심으로 반으로 접으면 완전하게 포개어진다는 선대칭의 정의를 내릴 때는 괜스레 들뜨기도 했다.

여러 해 어깨가 아파 병원을 다녔다. 주사나 약이 아무런 효과가 없자 초조함이 밀려왔다. 병이 길어지면서 여러 방법들이 동원되고 귀가 얇아져 아무 곳에나 기대게 되었다. 자포자기의 심정으로 교정전문가를 찾아갔다. 그는 내 몸 전체가 비틀어졌다고 했다. 즉 심한 비대칭이라고 잘라 말했다.

사람의 몸은 절대적 대칭이 아니다. 태어날 때부터 약간은 비대칭적인 대칭이다. 다만 그 차이가 눈으로 가늠할 수 없을 정도라는 것쯤은 나도 알고 있다. 그런데 내 몸은 그 정도가 심해 금방 보인다고 했다. 비대칭으로 인해 어깨와 엉덩이, 다리도 아픈 것이라고 병의 원인을 명쾌하게 찾아주었다. '비非'라는 접두사가 꺼끌꺼끌한 마른 풀처럼 마음에 걸리긴 했다. 어떤 말의 머리에 붙어 잘못되다, 아니다 같은 부정의 뜻을 강하게 내포하고 있기에 그 말을 듣는 순간 '쿵' 하고 무거운 돌덩이가 발등을 찧는 느낌이었다. 그렇다면 비대칭인 내 몸매는 진리에서 한참 멀어진 것이다. 참이 아니라 거짓이고 아름다움을 거부하는 추함이고 어여쁨과는 거리가 먼 미움이라고 생각하니 가슴으로 쏴한 통증이 왔다.

집에 돌아와 거울을 보고 섰다. 처음으로 몸의 자세를 천천히 보았다. 그렇게 오래볼 필요도 없이 한눈에 들어왔다. 왼쪽 어깨가 오른쪽보다 확연히 솟아 있다. 엉덩이뼈도 역시 왼쪽이 도드라지게 삐뚜름하다. 얼굴도 마찬가지다. 한쪽 귀가 더 크고 눈도 오른쪽이 비죽이 올라갔다. 팔도 한쪽이 길다. 목은 가는데 비대칭인 안면과 어깨 때문에 기형처럼 보였다.

다리는 한쪽이 눈에 띄지 않게 짧아서 신발 뒤축이 오른쪽만 심하게 닳는다. 그런 조짐은 벌써부터 나타났었다. 그래도 큰 불편이 없으니 대수롭지 않게 여기고 그럭저럭 살아왔는데 드디어 온몸에서 신호를 보냈다. 제발 균형 좀 잡아달라고, 당신의 몸을 정신 좀 차리고 봐 달라고 아우성인데도 덤덤하게 지내오다 직격탄을 맞은 것이다.

나는 강強 오른손잡이다. 왼손으로 무거운 물건은 들어 본 적이 없다. 묵묵히 보조 역할만 했을 뿐이다. 모든 것을 오른쪽이 도맡아 하다 보니 쏠림 현상이 심해지고 왼쪽은 퇴화가 진행되었다. 제 역할을 충분히 할 수 없었으니 균형이 깨어진 것은 마땅한 일이다. 몸은 주인을 잘못 만나 헐렁헐렁하게 얼치기로 살다보니 비대칭이 되고 말았다. 그런 줄도 모르고 한 직선을 축으로 완벽하게 포개어지는 대칭에 대해 정의하고 흥분해서 가르쳤다.

한때, 꽤 균형 잡힌 몸매를 자랑했었다. 초등학교 때는 줄곧 반대표 달리기 선수였다. 철봉을 휙휙 돌며 친구들 앞에서 묘기 수준을 보였고 뜀틀을 넘을 때는 아이들이 감탄사를 연발했다. 고등학교 때 반 대항 체육대회에선 농구선수가 되어 맹활약을 했다. 그땐 뛰고 구르며, 달리는 일에 자신이 넘쳤다.

그러니까 십대를 마감한 딱 그때까지였다.

초 천재적인 수학자 갈루아는 열일곱 살에 대칭을 발견하였다. 내가 2차방정식을 푼다고 끙끙대고 있을 나이에 천재 갈루아는 5차방정식은 왜 대수적 공식으로 풀 수 없는지를 연구하다가 대칭이론을 발견했다. 대칭을 발견함으로써 모든 학문이 수학으로 수렴되는 엄청난 혁명을 이룬 사람이다. 그러나 그는 대칭이라는 자기 닮음을 찾아내고 스물한 살에 요절을 했다. 스물한 살, 남녀 모두 자기와 닮은 짝을 찾기에 골몰할 나이다. 이십 대 이후 자기 닮음을 거부한 채 살았다. 여러 사람과 찍은 사진 속의 나는 항상 머리가 오른쪽으로 기울어져 있어 그것을 증명하고 있다.

내 몸에 장애가 심해지도록 균형을 잡지 못하고 헐겁게 살다 이제야 그 값을 톡톡히 치르고 있다. 신경외과와 정형외과, 한의원은 물론 통증의학과까지 두루 거치면서 자괴감에 빠졌었는데 그 원인이 몸의 비대칭이라고 한다.

몸이 대칭적인 사람일수록 질병을 물리칠 수 있는 능력이 뛰어나다고 한다. 평균적으로 더 좋은 유전자를 가지고 있다는 뜻이다. 대칭의 젖무덤을 가진 여자가 짝젖을 가진 여자보다 아이를 잘 낳는다는 연구 결과가 보고되었다. 그래서일까? 사람들은 배우자를 고를 때 얼굴과 몸이 얼마나 대칭적인지를 무의식적으로 계산하며 민감하게 반응하기도 한단다.

대칭이 과학적이며 이상적인 것은 분명하지만 완전한 대칭 구조란 없다. 인간의 90%는 오른손잡이여서 왼쪽 뇌가 오른쪽보다 훨씬 발달되어 있다. 대칭이 과학의 조합이라면 비대칭은 예술의 조화다. 비대칭이 만들어낸 우리나라 조각보는 이상적인 예술품이다. 예술가들은 대칭이란 틀을 깨고 온갖 창조성을 끄집어내고자 애쓴다. 갈루아가 발견한 대칭이론도 4차원을 넘어 몇백 차원까지 나온다고 한다. 그건 추상을 넘어선 추상이다. 대칭의 세계 또한 비대칭처럼 무한한 발견이 가능하다.

대칭에 익숙해져 있는 사람들의 눈에 나는 기형적인 인간이다. 그러나 어찌하랴. 차라리 몸매가 조금 대칭에서 어긋나는 것은 용서할 수 있다. 문제는 마음이다. 나도 타인도 의식하지 못하는 가운데 언제나 마음은 대칭을 벗어나려고 민감하게 반응을 한다. 그걸 다스릴 때가 된 것이다. 외부의 모든 불균형을 내부의 균형으로 극복할 수 있을지 모르니까. 이제 바깥 살림보다 안살림을 해야겠는데, 그게 또 낯설고 낯선 세계이다. 삶이란 흔들리며 가는 것이라는 말에 위안을 삼는다. 어떤 의미로 나의 비대칭은 누군가의 비대칭과 만나 대칭을 이룰지도 모른다.

구용이

4학년이 되어 처음으로 세계지도와 만났다. 새로 받은 교과서 중에 사회과 부도가 있었다. 나는 매일 그 책을 펼쳐놓고 여러 도시들을 기웃거렸다. 세상이 모가 났는지 둥근지를 처음으로 알아가던 시기였다. 내가 딛고 선 땅이 진흙탕인지 모래밭인지 발을 슬쩍 빠뜨려도 보고 싶었다. 세계지도 속에서 존재의 확실성을 찾으려고 공상에 들곤 할 때였는데, 깊은 나락으로 떨어져 버린 사건이 생겼다.

비가 억수같이 퍼붓던 날, 온 식구가 보따리를 이고 지고 셋방으로 들었다. 아버지의 사업 실패로 하루아침에 알거지가 된 것이다. 마음속에선 알 수 없는 적개심이 부글거렸고 그것을 감추기 위해 몸을 웅크려 방 안으로 숨어들었다. 피해의식에 사로잡혀 아무도 가까이하기 싫었다. 방문을 잠그고 종일 들어앉아 있는 날이면 어머니는 혀를 끌끌 찼다.

"네가 세상이 쓰고 매운 줄을 알기나 해? 아이고 못된 가시나."

배를 깔고 방바닥에 엎드려 책장이나 넘기는 딸이 마음에 들지 않아 '밝은 세상 놔두고 뭐 하냐'고 눈을 흘겼다. 손님이라도 오는 날이면 슬그머니 집을 나와 서점 앞에서 시간을 죽이다 들어갔다.

"사람이 와 싫노? 아예 절로 들어가든지. 고디 창자처럼 배배 꼬인 가시나."

그런 날도 어김없이 어머니의 한숨은 뒤따랐다.

구용이를 만난 것은 그 무렵이었다. 그녀도 외톨이였다. 책을 많이 읽어 모든 것을 훤히 꿰뚫고 있는 듯한 몸짓이나 말투에 아이들은 적의를 드러냈고 의도적으로 피했다. 공부시간엔 발표도 거의 혼자서만 했다. 시험은 늘 백점이었다. 언젠가 미술시간에 찰흙으로 빚어낸 사람형상의 작품이 어찌나 빼어난지 모두들 경탄을 하지 않을 수 없었다. 그런 특별함 때문에 아무도 그애가 소아마비로 다리를 절룩거린다는 것을 의식하지 못했다. 커다란 눈을 내리깔고 땅만 보고 다니는 구용이랑 종일 입을 닫고 사는 내가 친구가 된 것은 자연스러운 일이었다. 같이 있으면 맘이 편했다. 쓸데없이 조잘대지 않아도 되고, 둘이 묵묵히 걷기만 하는데도 생각이 통했다.

그해 넘쳐나는 아이들로 교실이 부족해서 도서관이 우리 교실이 되었다. 우린 수업을 마치고 많은 책을 함께 읽었다. 질 낮은 종이의 풀썩이는 먼지 냄새를 맡으며 독서에 열중했다. 그것도 모자라 서점에 들러 신간 제목들을 찬찬히 읽어보다 해가 설핏해서야 느릿하게 걸음을 옮겨 집으로 돌아가곤 했다.

봉래동 비탈에 있는 마을은 길 하나를 사이에 두고 뚜렷하게 구별이 되었다. 그 당시는 보기 드물게 반듯한 양옥이 여러 채 있었는데 구용이네 집이 제일 크고 마당도 넓었다. 아버지는 일본 유학을 다녀온 인텔리였고 어머니는 근동에서 소문난 미인이었다. 언니나 오빠도 알 만한 사람들은 다 아는 수재였다. 길 이쪽은 낮은 지붕들이 다닥다닥 붙은 허름한 동네였다. 세든 우리 집이 있는 이쪽에서 건너편을 바라보는 내 심장은 늘 떨렸다. 할 수만 있다면 구용이가 가진 화려한 것들을 뺏고 싶었다.

가끔 구용이네 서재에서 책을 읽었다. 높은 책꽂이에는 책이 빼곡히 꽂혀 있었다. 〈톰 소여의 모험〉을 읽고 우린 미시시피 강을 같이 여행하자고 손가락까지 걸었다. '마크 트웨인' 같은 멋진 작가가 되는 것이 구용이의 꿈이었다. 두 다리로 우뚝 서는 날, 세계 구석구석을 여행할 거라고 입버릇처럼 말했다. 책을 읽다 보면 구용이 어머니께서 달콤한 케이크를 내오셨지만 나는 먹지 않았다. 아니 눈길조차 주지 않으려고 애썼다.

그런 날은 집으로 돌아가는 발걸음이 무겁디무거웠다.

구용이가 24색 왕자표 크레파스를 새로 사온 미술시간이었다. 뚜껑을 열자마자 써 보라고 내밀었다. 하지만 부러진 크레파스 몇 개로만 북북 칠을 하면서도 찬란한 색의 유혹에는 넘어가지 않았다. 그 애도 마찬가지였다. 책가방이나 도시락 주머니를 들어준다 해도 절대 맡기지 않았다.

심하게 왼쪽 다리를 저는 그녀와의 등굣길은 꽤 오랜 시간이 걸렸다. 우리 학교는 산등성이에 있었다. 높은 계단을 오르면 운동장이 있고 그곳을 지나 또 계단을 올라야 교실로 갈 수 있었다. 안타까운 마음에 손을 좀 잡아주려 해도 홱 뿌리쳤다. 구용이가 가쁜 숨을 몰아쉬며 계단을 오르는 동안 나는 참지 못하고 한달음에 먼저 뛰어올랐다. 기다리는 동안 운동장을 서너 바퀴 뛰어서 돌거나 철봉에 거꾸로 매달려 지루하게 하늘을 보기도 했다. 우린 어린 나이에 쓸데없는 자존심을 무슨 보물인 양 붙들고 살았다.

잘 웃지 않는 그녀가 한번 크게 웃은 적이 있다. 내가 발목에 방울을 차고 엉덩이를 흔들며 인디언 춤을 춘 날이었다. 운동회 무용 연습을 마치고 늦게 돌아오는데 구용이에게 끌려 동네 공터로 갔다. 자꾸 인디언 춤을 보여 달라고 했다. 나는 몸을 과장되게 흔들고 발을 힘차게 굴렸다. 구용이는 손뼉까지 치며 좋아했다. 그녀의 자지러진 웃음소리는 설움의 덩어리를 토해내듯 자꾸 커지더니 사방으로 퍼졌다. 언젠가 덩치 큰 녀석이 구용이 앞을 턱 막고 비틀거리는 걸음걸이를 흉내내며 웃던 일, 구용이가 백점짜리 시험지를 받을 때마다 "벼어엉신, 귀신이야." 하고 내뱉던 남자 아이들의 낮은 목소리들, 그런 기억들이 한꺼번에 가슴을 들이쳤다. 그녀는 웃고 있는데 나는 눈물이 자꾸 솟구쳤다. 그날 이후, 운동회 무용에서 그 애를 제외시킨 선생님을 오랫동안 미워했었다.

봉래동 비탈의 구질구질한 셋방살이는 일 년이 채 못 되어 끝이 났다. 아버지가 새로 취직한 회사의 사택으로 이사를 했는데 시내 한가운데 있는 크고 넓은 기와집이었다. 5학년이 되고 구용이랑 반이 갈리었다. 나는 그녀를 잊어갔다. 아니 그 언덕 동네를 잊고 싶었다. 온 식구가 비에 푹 젖어 대문도 없는 낡은 셋방으로 들어간 날을 평생 기억하고 싶지 않았다. 구용이네도 얼마 후에 서울로 이사를 갔다. 명목상은 아버지의 사업이었지만 어머니말로는 구용이를 수술시키기 위해서라고 했다.

구용이는 수술이 잘되어 멋진 다리로 온 세상을 누비는 여행가가 되었을 것을 믿어 의심치 않는다. 그녀는 곳곳에서 엉덩이를 흔들며 유쾌한 웃음을 전하고 있을 것이다. 세계지도를 펼치면 튼튼한 두 다리를 가진 구용이가 자꾸 보인다. 땅거미 내리던 어둑한 저녁 함께 인디언 춤을 추지 못한 것이 못내 후회로 남은 탓이다. 그땐 어머니 말씀대로 세상이 맵고 쓴 줄을 몰랐기 때문이다.

나는 열 살이었다. 이발용 가위로 자른 우스꽝스런 머리 모양 때문에 거울을 멀리했다. 깡총한 포플린치마 아래로 드러난 깡마른 다리를 보고 비루먹은 개들이 자주 따라다녔다. 개를 쫓기 위해 항상 돌 하나를 쥐고 다녔다. 어머니가 챙겨준 손수건은 아무데나 두고 콧물이 묻은 얼룩덜룩한 소매 끝을 감추려고 뒷짐을 지고 다니던, 초라한 계집애였다. 하지만 구용이 덕분에 많은 책을 읽었다. 세계지도 위에 꼭 가야 할 곳을 찾아 빨간 동그라미를 수십 개씩 쳤다. 가난했지만 빛 한줄기가 나를 따라다녔다.

모를 일이다. 평생 기억하고 싶지 않은 비탈길의 그 동네가 요즈음 선명하게 살아난다.

콩자반

오랜만에 콩을 볶습니다. 순전히 허깨비가 되어 돌아온 딸 때문입니다. 무슨 영양가 있는 음식이 없을까 고심하다 메주콩 한 컵을 꺼냈습니다. 여름에 콩국수를 해 먹으려고 남겨둔 것입니다. 두꺼운 무쇠 냄비에서 콩은 노릇하게, 그러다 갈색 반점이 생기면서 고소한 냄새를 온 집안에 퍼트립니다. 깨를 볶을 때와는 다른 풍부한 냄새입니다.

대학 입학하던 해부터 꼭 십 년을 밖으로 떠돌다온 딸아이는 병색이 완연했습니다. 아니 타지에서 외롭게 살아온 흔적을 덕지덕지 두르고 무거운 몸을 끌고 왔습니다. 관절마다 퉁퉁 부어오르고 손가락이 흉하게 일그러진 모습은 차마 눈뜨고 보기가 민망했습니다. 의사 선생님은 약의 효능만 믿지 말고 단백질 섭취와 면역력을 키울 수 있는 음식을 권했습니다. 본디 어떤 병이든 섭생이 중요하니까 이것저것 먹을거리를 고심하다 콩자반에 이르렀지요. 콩은 우리 집 곳곳에 통을 채우고 있으니까요. 마음만은 펄펄 살아 뛰는 장어라도 한 마리 잡아오든지 쇠머리 곰탕이라도 끓이고 싶지만 그럴 수가 없었습니다. 아이의 병명이 밝혀지자 내 몸도 물기가 빠져 가누기가 힘들었습니다. 콩자반은 딸아이가 좋아하는 음식은 아니지만 콩이라는 알갱이에 녹아있는 무한한 힘의 원천을 믿고 싶었습니다.

냄비 안에서 콩은 살아납니다. 이리저리 돌며 탁탁 튀어 오르다 넓은 냄비 바닥을 딱따그르르 구르기도 합니다. 제 몸에 품고 있는 열을 밖으로 쏟아내며 예상치 못한 꽃향기도 뿜어내다 가끔 침묵을 지키기도 합니다. 기운을 주체하지 못해 꼬투리를 박차고 튀어나온 생명력을 믿고 싶습니다. 아니 그 시간의 견딤을 딸아이에게 불어넣고 싶어 콩을 볶습니다.

나는 콩으로 만든 음식을 좋아하지 않았습니다. 어머니가 힘들게 만든 뜨끈한 두부를 입에 넣어주면 기어이 뱉곤 했습니다. 콩죽이나 콩국수는 입에 대지 않았고, 콩고물 묻힌 시루떡을 피했습니다. 어머니의 비지찌개 맛은 겨울이면 동네 사람들의 화젯거리였지만 나는 외면했지요. 그런데 유일하게 먹었던 것이 콩자반이었습니다. 그것도 서리태나 흑태같이 검은 콩이 아니라 메주콩이라 불리는 흰콩 말입니다. 삶아서 만든 콩자반은 거들떠보지도 않고 볶아서 조린 것만 젓가락으로 한 알씩 집어 먹었지요. 내 까다로운 식성을 어머니는 말없이 받아주셨습니다. 어미의 미운 곳만 쏙 빼닮은 딸도 콩자반은 먹을 수 있겠지요. 잠깐 멈춤이란 노란 신호등이 켜진 딸의 인생에 싱그러운 초록불을 켜기 위해 콩자반을 택했습니다. 아직 그 아인 달착지근한 젊음을 구가해야 할 나이가 아닌가요.

시골에서 여러 종류의 콩을 재배하는 형님은 그것들을 늘 대견하다 했습니다. 연연하게 작은 꽃이 진 자리에 그렇게 옹골찬 열매가 달린다는 것이 신통하다고 오실 때마다 덧붙였지요. 그럼요, 그렇고말고요. 늘 맞장구를 쳤습니다. 형님이 보내온 콩들은 종류도 다양했습니다. 그 고요한 생명체들은 아이를 일으켜 세우는데 한몫을 단단히 하리라 믿습니다.

스무 살 창창한 나이에 딸아이는 집을 떠났지요. 그땐 이 지구라도 들어 올릴 듯 자신감이 넘쳤습니다. 사막 한가운데서 어린왕자라도 만날 듯 몸이 가벼워 보였습니다. 그 뒷모습이 전혀 허둥대지 않아 믿고 또 믿었지요. 그러나 세상은 그렇게 만만한 곳이 아니었나 봅니다. 서울을 시작으로 먼 이국땅을 떠돌면서 점점 그 푸름을 잃어갔습니다. 사실 떡잎은 실했습니다. 곁가지가 날 때나 덩굴손을 뻗어 올리면서 잎은 윤기가 자르르 흘렀지요. 하지만 그 애가 꽃을 피울 즈음 이미 영양분이 소진되었던 것입니다. 척박한 땅에서도 콩은 잘 자랍니다.

논둑이나 밭둑에서도 튼튼한 가지를 밀어올리고 울타리에 붙어서 굵직하고 실한 꼬투리를 부풀리기도 합니다. 그런데 웬걸요, 딸아이는 내가 믿었던 그런 단단한 콩은 아니었습니다. 가끔 물과 영양이 필요했고 관심과 사랑도 갈구했지요. 하지만 그걸 채워줄 수 있는 가족들은 너무 멀리 있었던 탓에 기어이 탈이 나고 말았습니다. 제 타고난 속성을 버리지 못한다는 것을 아이를 보며 깨닫습니다.

늦지 않았기에 곡진한 마음으로 콩을 볶습니다. 약간의 연기가 피어오릅니다. 고소한 냄새는 창문 틈을 비집고 밖으로 새어나갑니다. 서둘러 불을 끕니다. 볶은 콩을 간장과 물 그리고 약간의 조청을 넣고 조립니다. 자작자작 끓어오르는 소리가 좋습니다. 허깨비걸음을 걷는 딸이 콩자반을 한 입 넣고 씹으며 제 것을 다 내주는 콩의 속내를 짚어 내기를 바라는 마음입니다. 익을 대로 익어 꼬투리를 박차고 나오는 결연함을 그 애도 품어보면 어떨까 마음으로 빌어봅니다.

잔병치레가 많아 어머니를 무던히 속상하게 했던 나도 살아 있는 콩 알갱이는 못되고 그냥 쭉정이에 불과했습니다. 텅 빈 내 속을 채워주려고 어머니는 콩으로 만든 여러 가지 음식을 자주 밥상에 올렸습니다. 어머니의 맷돌은 쉼 없이 콩을 갈았습니다. 나도 이제 콩을 푹푹 삶는 날이 많겠지요. 볶고 조리기도 하고 믹서를 자주 돌려야 할 것 같습니다. 콩밥을 매일 먹으면 산 하나는 거뜬하게 넘는다던 어머니 말씀을 이제야 절감합니다.

콩자반을 만드는데 왜 이리 마음이 클클한지 모르겠습니다. 눈앞이 뿌옇게 흐려지는 건 뭉글거리며 피어오르는 약간의 매콤한 연기와 간간한 맛 때문만은 아닌 것 같습니다.

키스 키스 키스

주택가 골목에 칸나가 줄지어 피어 있다. 회색 담장을 배경으로 빨갛게 타 오르는 그 꽃을 보는 순간 현기증이 났다. 여름 한가운데 그것도 한낮에 본 칸나는 꽃이라기에는 너무 두드러져보였기 때문이다. 목을 치켜들고 하늘을 향한 채 굽힐 줄 모르는 그 기세, 넓고 짙은 초록의 잎에서 돋아난 빨간 꽃은 한 남자를 생각나게 했다. 봄부터 집요하게 내 머릿속을 어지럽힌 남자다. 오스트리아 빈을 다녀온 이후로는 진드근히 달라붙어 때론 불편했다. 칸나를 보는 순간 그 남자 구스타프 클림트가 떠올랐다. 머릿속에 팽팽하게 당겨지던 선이 '팅' 탁한 소리를 내며 끊어졌다. 아무래도 내리쬐는 낮별 탓이었다.

여름에는 해바라기를 그린 고흐 이야기가 제격이라고 그림쟁이가 끼어들었다. 하긴 고흐도 남프랑스 아를의 빛나는 태양을 좋아했다. 그러나 고흐는 겨울나무였다. 평생 외로움에서 벗어나지 못했고 동생 테오를 빼고는 누구 하나 거들떠보지도 않았다. 하지만 클림트는 칸나같이 고집스럽게 뜨거움을 갈구했던 남자다. 일면식도 없는 그 남자를 두고 콩케팥케 떠드는 것도 우습다. 하지만 클림트는 '내 그림들을 자세히 관찰하면 내가 누구이며 무엇을 하고자 했는지 알아낼 수 있다.'고 말했다. 그 말에 용기를 내어 그의 작품이 있는 곳이면 어디든 달려갔다.

2009년 예술의 전당에서 세계 최대 규모의 구스타프 클림트의 전시회가 열렸고 110여 점이 훨씬 넘는 그의 대표작 중에서 나를 강하게 끌어당긴 작품은 바로 〈베토벤 프리즈〉였다. 그는 이 그림에 인생의 의미를 모두 쏟아넣었다고 했다. 베토벤의 합창교향곡을 모티브로한 이 벽화는 베토벤에게 헌정되었다. 하지만 〈베토벤 프리즈〉가 처음 선보인 당시, 시민들의 반감을 사서 전시회는 실패로 돌아갔다. 나체로 그려진 여자들의 포즈가 난삽하다는 것이 이유였다.

〈베토벤 프리즈〉의 마지막 장면은 천사들의 합창인 환희의 송가로 표현되었다. 황금의 시각적 효과를 강하게 부각시킨 이 그림의 부제는 '온 세계에 보내는 입맞춤'이었다. 베토벤을 통해 그를 아주 조금 알 것 같았다.

〈유디트〉를 빼고 그 남자가 남긴 수많은 초상화 작품을 이야기할 수 없다. 유디트는 성경에 나오는 고귀한 여성이다. 그런데 위험한 팜므파탈로 그려져 흠칫 한걸음 물러서고 말았다. 남자의 잘린 목을 들고 있는 유디트는 당당했고 황금의 번쩍이는 목걸이는 관능의 미를 한껏 드러냈다. 그리스 신화에 나오는 〈다나에〉도 생생했다. 다나에의 몸속에 황금빛 빗물로 스며든 제우스, 그와 사랑을 나누는 표정과 자태는 한껏 무르익어 농염했다. 선홍빛 젖가슴, 터질듯 풍만한 허벅지와 지그시 감은 눈의 다나에는 한 치의 두려움도 없이 온전히 사랑에 빠져있다. 클림트의 평생 목표는 에로티시즘을 황홀하게 표현하는 것이었다. 그가 그린 여자들은 지나치게 향락적인 분위기라 살아생전 종종 외설시비에 휘말리고 신랄한 비판의 표적이 되기도 했다. 성경 속의 유디트와 신화 속에서 튀어나온 다나에는 모두 혁명을 꿈꾼 여인들이다. 클림트가 새로운 예술세계를 꿈꾸는 빈의 이단아였던 것처럼.

그 남자, 결혼 같은 건 하지 않았지만 사후에 14명이나 되는 자식이 나타나 친자 소송을 했다. 그렇다면 결혼을 하지 않은 것이 뭐 그리 대단한 일이라고 중요한 이력에 턱하니 올라오는가 말이다. 많은 여인들은 그의 작품을 위한 영감의 원천이기도 했다. 그러니 성경 속 여인이나 신화 속 여성은 말해 무엇하랴. 금세기 그는 가장 인기 있는 예술가가 되었고 특히 여성들에게 무한 사랑을 받고 있다.

사람들은 클림트가 뛰어난 풍경화를 그렸다는 사실을 간과하고 있다. 그의 작품 중 삼 분의 일이 풍경화다. 〈쉴로스 카머 공원의 가로수길〉을 벨베데레 미술관에서 보았을 때 하마터면 그림에 코를 박을 뻔했다. 클림트답지 않게 붓 터치가 아주 거칠었다. 쭉쭉 뻗은 가로수 길 끝에 있는 성문을 지나면 '이상한 나라의 앨리스'를 만날 수 있을 것만 같았다. 순진무구한 앨리스가 클림트에 대해 우스꽝스럽고 특별한 이야기를 들려줄 것 같아 잔뜩 부풀기도 했다. 클림트의 풍경화는 황금시기에 그려진 화려한 그림들과 달리 평화롭다.

클림트를 몰라도 〈키스〉를 모르는 사람은 별로 없다. 이 그림을 찬찬히 들여다보는 것이 어쩌면 그 남자의 심리를 파고드는 것이 아닐까 싶다. 지난봄에 구스타프 클림트와 그의 제자인 에곤 쉴레의 레플리카 명화전을 보았다. 이런 기회가 흔치 않은지라 여러 번 전시장을 찾았다. 전시장을 꽉 채운 작품들이 특수기술로 질감이나 색감을 그대로 투영시켜 얻은 복사본이라 진품과 구별하기가 어렵다고 구구한 설명이 있었지만 참과 거짓을 구별할 때처럼 마음속에 굵은 빗금을 자꾸 그었다. 실물 크기의 그림을 복사한 〈키스〉도 전혀 마음에 와 닿지 않아 안타까웠다.

4월, 유럽 여행길에 오스트리아 빈에 들르게 되었다. 이런 걸 횡재라고 해야 옳다. 오스트리아 국립미술관인 벨베데레 궁전은 훌륭한 건축물이다. 바로크 양식의 푸른 지붕이 '이곳은 열려 있는 곳이니 누구든지 오라'고 손짓을 한다. 벨베데레 궁전의 오스트리아 국립 미술관에는 클림트의 방과 에곤 쉴레의 방이 따로 있다. 미술관에서의 핵심은 단연코 클림트의 〈키스〉다. 클림트의 다른 그림들은 가끔 교체되어 걸리지만 〈키스〉는 그 방을 떠나 본 적이 없다. 절대 다른 나라에 대여도 하지 않는 작품이다. 매혹적인 걸작을 보고 싶다면 빈으로 오라는 무언의 압력이다. 나 또한 먼 길을 마다하지 않고 〈키스〉를 보기 위해 빈의 중심가로 찾아 가지 않았는가.

〈키스〉, 그 앞에 섰을 때, 왼쪽 가슴께가 저리하게 아파왔다. 일종의 환희였다. 통증은 묘한 고통으로 이어져 하마터면 작품의 장면처럼 무릎을 꿇을 뻔했다. 궁전의 높고 둥근 천장과 장엄한 기둥은 훌륭한 배경이 되어 주었다. 양쪽 창을 통해 들어오는 빛과 기막힌 조화를 이루었다. 꽃밭에 꿇어앉은 여인의 가늘고 흰 발목으로 떨어진 황금빛 수술이, 몸의 실루엣이 그대로 드러난 얇은 금빛 옷 또한 찬란하게 빛을 내고 있었다. 모든 것이 정지 화면 같았다.

그 남자, 참 소심도 하다. 입술이 아닌 여자의 볼에다 입맞춤을 하다니. 키스 받는 여자의 표정은 왜 그렇게 무심한지 모를 일이다. 아슬아슬한 절벽 끝에서 하는 키스란 격렬한 포옹과 감미로운 합일이어야 하는데 안타깝다. 두 남녀는 클림트와 그의 정신적 동반자인 플뢰게가 틀림없다. 육체적인 관계를 맺지 않고도 평생 그림자처럼 붙어 다닌 두 사람은 어떤 사이일까 궁금했는데 키스는 그만의 또 다른 사랑의 방식이었다. 그런데 그 무심함에서 오는 어릿어릿한 황홀함이 있었다. 이 남자 꼭 그랬다. 분방함 속에서 우아함을 잃지 않았다. 카리스마가 넘치는 그림을 그리되 경쾌함도 놓치지 않았다. 결혼도 못한 이 남자는 어쩌면 아무도 모르는 곳에 멍엣상처가 있을 것 같아 마음이 약간은 쓰라렸다.

오스트리아 빈은 베토벤과 모차르트를 배출한 음악의 도시다. 그러나 수도 빈을 가장 빈답게 해 주는 것은 바로 〈키스〉였다. 어딜 가도 국기처럼 그 그림이 펄럭였다. 시내를 달리는 트램에, 광고용 자동차에, 거리의 표지판에도 온통 키스, 키스, 키스였다. 기념품 가게에도 복제된 그림과 상품들이 넘쳐났다. 키스로 만들 수 없는 것은 아무것도 없었다. 그건 오스트리아 제2의 국기였다.

벨베데레 궁전에서 본 키스의 통증이 가시지 않아 마음을 한동안 가라앉히지 못했다. 그 남자에 대해 주절주절 늘어놓다 보니 늦은 오후의 나무 그림자처럼 점점 이야기가 길어지고 말았다. 알아갈수록 복잡하기만한 그의 삶을 회상하려니 머리가 지끈거렸다. 진통제 한 알이 절실했다. 우리나라 한 제약회사의 진통제 포장 상자가 클림트의 〈아델레 블로흐 바우

어부인의 초상〉이다. 황금시기의 정점을 이룬 이 그림이 진통제 포장 케이스가 된 것은 재미있다. 이 아트 마케팅은 신선한 충격이었다. 여자들은 핸드백에서 노란 상자를 꺼내는 순간 스르르 고통이 가라앉고 덕분에 그 진통제는 세기의 명약이 될 수 있을 것 같다.

에곤 쉴레가 그린 〈클림트의 초상화〉는 헐렁한 파란 작업 가운을 입은 모습이다. 그가 그린 익살스런 캐리커처 자화상도 푸른 선이다. 내가 그 남자를 어찌 알 수 있을까. 다만 그의 사랑법은 여전히 빨갛게 타오르지만 짙푸른 심해일지도 모른다. 온갖 수사법과 윤색과 각색을 거친다해도 그를 알아 가기에는 한계가 있다.

그 먼 곳에서 〈키스〉가 그려진 도마를 사가지고 왔다. 왜 하필 도마였는지 모르겠다. 난데없이 그 남자를 난도질하게 되었다. 두 남녀는 내가 놀리는 손의 힘에 따라 잘게 부서지기도 하고 굵직하게 채 썰어지기도 했다. 〈키스〉가 매일 내 손에서 그렇게 칼질을 당하고 있는 줄 알면 그 남자, 무덤에서 벌떡 일어날 일이다. 하지만 그렇게 칼질을 하는 사이에 어디서 우렁우렁 울림이 좋은 남자의 목소리가 들리는 듯했다.

그 남자가 즐겨 마셨던 휘핑크림을 얹은 커피를 마시며 내 안에서 이제 떠나보낼까 한다. 본질이든 껍데기든 예술가를 알아가는 것은 결국 고독한 존재임을 상기시킬 뿐이다. 구스타프 클림트가 일생 구하고자 했던 것은 어디로 가 닿아야 할지 모르는 예술에 대한 갈망과 끝없는 자유였다. 나 또한 어디에도 얽매이고 싶지 않은 진정한 자유를 그의 그림을 통해 느낄 수 있었다.

2.

귀명창 입문

결혼 후 30년 동안 저 남자는 한 번도 싫은 내색 않고 음악회에 동행해주었다. 지난 10년은 나 대신 그가 예매를 맡았고 좋은 공연을 찾아 부산이든 서울이든 같이 다녔으니 귀명창이 되기 위한 기초를 어느 정도 다지긴 했다.

차갑고 서럽고 또 단단하다

초사흘에 어둑한 산골짝을 내려온다. 초승달이 산허리에 걸려 있다. 토굴 앞에 서 있는 스님의 실루엣은 희미한데 눈빛만 광채를 발한다. 일본 작가 마루야마 겐지의 소설 〈달에 울다〉의 한 장면처럼 흑백의 영상이다. 비탈길에서 차에 실린 네 폭짜리 병풍이 덜컹인다. 나랑 시누올케 사이인 스님은 버거운 물건인 병풍을 산속으로 짊어지고 갔다가 그것을 하산시키고자 나를 부른 것이다.

마루야마 겐지는 머리를 빡빡 깎고 세상과 단절한 채 산속으로 들어갔다. 그는 매서운 눈빛으로 문장과 싸우는 소설가의 각오를 온몸으로 보여준다. 사무라이처럼 검을 높이 들어 문장을 쳐 내고 또 쳐낸다. 스님 또한 파르라니 깎은 머리에 형형한 얼굴이다. 큰 귀를 열어 산의 우렁우렁한 말을 들으며 굴법당에서 혼자 수행을 한다. 스님이 보는 경전들은 너덜너덜 닳아 생채기투성이다. 무섭게 때로는 고요하게 화두를 잡고 정진하는 그 모습이 구도자의 길을 가는 마루야마 겐지와 다를 바 없다.

소설 〈달에 울다〉의 주인공인 '나'는 한 번도 마을을 떠나 살아 본 적이 없다. 농촌에서 사과농사를 지으며 산다. 딱 한번 마을에서 손가락질을 당하던 여자를 삼 년 동안 사랑한다. 아에코가 도시로 떠났다가 추운 겨울날 마을로 돌아와 생을 마감할 때까지 오로지 그녀를 그리워하고 그 사랑을 음미하면서 살아간다.

〈달에 울다〉는 네 폭의 병풍 속 그림을 통해 환상과 현실을 교차시키는 기법으로 독자를 끌어들인다. 병풍 속의 유랑하는 법사는 주인공의 내면이기도 하다. 운명에 묶인 한 남자, 해방될 수 없는 무력감에 빠진 인간을 병풍을 통해 물끄러미 들여다보는 기분이 참 묘하다. 소리는 없고 화면만 움직이는 무성영화 한 편을 보는 듯하다. 추상화를 감상하는 기분이다.

형님 스님이 건네준 병풍을 방안에 펼쳤다. 네 계절을 담아낸 꽃이다. 법사는 없지만 새가 있다. 이 가지에서 저 가지로 옮겨 앉고 날개를 펼쳐 날아오르기도 한다. 비단실로 수놓아 금침 위에 둘렀던 병풍이다. 스님이 손수 한땀 한땀씩 수를 놓아 만든 작품이다. 바늘로 찌르고 또 찔러 수만 개의 단어보다 더 촘촘하게 박아 넣은 한 편의 소설이다. 〈달에 울다〉를 읽을 때보다 더 찬찬히 그것을 읽어 낸다. 한때 꽃이고자 했던 스님의 생이 고스란히 담긴 꽃수 병풍을 나에게 보내며 남은 애착을 모두 끊고자 했다.

소설 〈달에 울다〉는 주인공의 삶을 봄, 여름, 가을, 겨울로 대입하여 나타낸 기법이 절묘하다. 네 계절에는 걸식하는 법사가 나오고 법사는 훨훨 날고 싶지만 날 수 없는 주인공의 내면을 보여준다. 병풍 속 네 계절은 무심히 흘러간다. 흐르는 시간 사이로 인간의 고독과 슬픔이 뭉근하게 배어 있다.

봄 병풍의 그림은 중천에 걸려있는 흐릿한 달, 동풍에 흔들리는 갈대, 그리고 걸식하는 법사다. 법사가 타는 비파의 팽팽한 현의 울림이 어린 영혼에게도 깊이 스며든다. 이제 막 열 살이 되는 주인공의 어린 시절을 대입시키고 있다.

여름 병풍에 그려진 것은 산기슭에 걸린 초승달, 천지에 무성한 초록풀, 그리고 거지법사다. 법사는 비파를 여인처럼 끌어안고 격렬하게 술대를 치며 노래한다. 여름의 힘은 젊은 남자의 가슴에 스며들어 피보다 더 뜨거운 영혼을 흔들어 놓는다. 20년 전의 갓 스무 살이 된 주인공, '나'다.

가을 병풍에 그려진 것은 그림자 하나 없는 명월, 가을바람이 굽이치는 초원, 그리고 거지법사다. 흠집투성이의 비파를 동여맨 장님 법사는 삭막한 황야를 헤매고 있다. 서른 살 적 주인공이 추억에 가득 차 행복했던 나날들을 기억해 내는 장면이다.

겨울 병풍에 그려져 있는 것은 잘 닦인 겨울 달, 얼음과 가루눈에 갇힌 산정 호수, 그리고 거지법사다. 비파를 타고 싶어도 손이 곱았고 노래하고 싶어도 열 때문에 목이 부었다. 패기 한 조각 없는 40년 하고 10개월 된 현재의 주인공을 나타낸다.

한 남자 아이의 성장을 사과꽃 향기와 병풍의 그림에 대입시켜 이미지화시킨 소설이다. 스토리를 따라가는 기존의 소설 읽기가 아니라 한컷 한컷 장면마다 선명한 이미지를 그려간다.

산속에선 달을 봐야 한다고 내려가는 나를 스님은 여러 번 불러 세웠다. 산허리에 걸린 초승달은 얼음조각처럼 맑았다. 스님의 네 폭 병풍에는 달은 없지만 가지마다 꽃봉오리들이 별이 되어 하늘을 향하고 있다. 거지법사와 비파는 없고 한 쌍의 새가 목청껏 지절댄다.

형님 스님이 수놓은 봄 병풍은 목련이다. 정결하게 희다. 세상에 물들지 않았던 스님의 10대다. 금빛 깃털을 가진 새 두 마리는 봄을 맞아 환희를 구가하는 노래를 부른다. 갈래머리의 소녀가 목련나무 그늘에 서 있다. 하늘에 구름 한 조각 떠간다.

여름 병풍은 때 이른 장미다. 꽃잎은 붉다 못해 검은 빛을 띄운다. 온 정염을 불태우며 장미 수를 놓던 때다. 붉은 부리를 가진 두 마리의 새가 풀밭에서 노래한다. 긴 생머리의 20대의 스님이 장미 향기에 취해 목이 빨갛다. 하늘에 뭉게구름이 두둥실 흘러간다.

가을 병풍은 서리를 맞고도 샛노란 빛을 자랑하는 국화다. 그 아래 쑥부쟁이도 한 움큼이다. 푸른 날개를 활짝 펴고 날아오르는 두 마리의 새가 부리를 맞대고 있다. 여인이 아기를 업고 또 한 아이의 손을 잡고 국화꽃이 핀 마당에 나와 서 있다. 30대 때의 스님이다. 하늘은 구름 한 점 없다.

겨울 병풍은 매화다. 눈 속에서도 의연함을 잃지 않은 홍매다. 두 마리의 작은 새가 봄을 미리 불러내려고 가지를 쪼고 있다. 시린 겨울을 보내기 아쉬운 중년의 여자가 매화차를 우려 음미한다. 스님의 40대다. 구름이 낮게 드리운 언덕에 빗방울도 떨어진다.

사가의 시누였던 스님은 오십이란 나이에 자식도 남편도 외면하고 부처의 법을 좇아 병풍 밖으로 과감하게 탈출했다. 노래하던 새는 따라오지 않았다. 번뇌와 티끌을 떨어내는 두타행을 위하여 끝없는 자기 성찰과 공부에 전념했다.

마루야마 겐지의 〈달에 울다〉는 천 개의 시어로 써진 새로운 형식의 소설이다. 농밀한 언어 하나하나가 모여 행이 된다.

그 시구들은 다시 연을 이루고 연의 형식이 모여 전체를 이룬 시소설이다. 사회성 없는 마루야마 겐지는 소설을 통해 세상과 소통하고 싶어 한다. 굴법당에서 스님이 하는 일심염불은 운율이 딱 맞아 떨어지는 정형시다. 시가 모여 말씀이 되고 그 말씀이 화엄의 세계가 된다. 궁극적인 목표는 사부대중과의 소통이다. 두 사람, 깊은 산속으로 숨어들었지만 같은 방식으로 세상과의 관계를 이어간다. 빡빡 머리를 깎은 남자는 소설을 쓰고 먹물 옷에 삭발을 한 스님은 불도 수행을 한다.

부럽고 또 부럽다. 마루야마 겐지만의 탁월한 문체도, 스님의 너덜너덜 닳아 곳곳에 테이프를 붙인 법문집의 글귀도. 이도 저도 아닌 나는 꽃 자수 병풍 아래서 낮게 뜬 초승달을 보고 있다. 달은 언제나 만물을 비춘다. 그래서 삶은 차갑고 또 서럽다.

짝과 함께

시장보기에 좀 이른 시간이다. 꼭 일주일 만에 다시 제사 장을 보러 서둘러 나왔다. 두 달에 한번 꼴로 제수 준비를 해야 하는 나로서는 집 가까이 재래시장이 있다는 것은 복된 일이다.

입구로 들어선다. 문화 뻥튀기가 초입에 버티고 있다. 이 집은 최대의 명절인 설이 되어야만 활기가 넘친다. 검은콩과 땅콩이 들어간 밥풀과자를 만들어 가기 위해서 긴 줄이 생긴다. 뻥튀기 집과 어울리지 않는 것은 상호 뿐만 아니라 이집 주인이다. 표정이 늘 굳어있다. 들여다볼 수 없는 좁은 마음을 뻥튀기고 싶다.

문화 뻥튀기를 지나면 건어물전과 김치가게, 예전 두부, 그리고 조개류를 파는 곳이다. 그대로 지나친다. 제사 장보기에도 순서가 있다. 무겁거나 가격이 비싼 것부터 시작해야 한다. 첫 코스는 경북식육점이다. 젊은 사장이 환하게 웃으며 반긴다. 제사 때 아니면 이집에 들를 일이 없으니 내가 온 이유를 훤히 꿰뚫고 있다. 안심으로 된 산적용, 등심의 국거리, 돈저냐를 할 다진 고기까지 척척 잘도 챙긴다. 가게는 분주하다. 아내는 물론 그의 처남도 있고 고기를 손질하는 사람들까지 꽤 식구가 많다.

식육점을 나서면 곧장 횟집이 늘어선 골목으로 들어선다. 문어를 사기 위해서다. 꼭 일주일 전, 추석 장을 볼 때 문어 때문에 흔들렸었다. 어찌나 비싸던지. 살아있는 문어를 저울 위에 얹어보더니 금방 육만 원이라고 했다. 조상님 전에 올리는 제수를 값을 따진다는 게 불경하여 말없이 샀다. 오늘도 주인은 얼른 한 마리를 물속에서 건져 올려 "사만 원!" 하고 부른다. 추석 때와는 달리 싸다. 저울에 올리지도 않는다. 활어를 손질하던 언니 되는 이가 "그냥 삼만 원에 주라, 어제아래 추석 지냈는데 힘든다 아이가." 짝이 있다는 건 좋은 일이다. 남의 사정을 두 배나 알아주니까. 나는 자매에게 허리 굽혀 인사를 한다.

제일 신경 쓰는 제물이 생선이다. 어머님께선 생선만큼은 크고 좋은 걸로 장만했다. 그런데 단골가게가 없어졌다. 부부가 부지런히 장사를 했는데 남편이 갑자기 세상을 하직하자

가게 문을 닫았다. 짝을 잃고서는 하는 일에 신명이 나지 않았나 보다. 옆 가게로 간다. 조기와 민어 그리고 돔과 가자미 명태포까지 손질한 생선에 정성이 듬뿍 들어 마음에 든다.

오늘은 나도 짝이 있다. 마침 일요일이라 남편이 무거운 물건을 들기 위해 나왔다. 따지고 보면 자기네 조상인데 나 혼자 고생하는 것이 마음 쓰였던 모양이다. 왼팔이 오랫동안 아파서 무 한 개 들지 못해 끙끙대는 내게 운수대통한 날이다. 또한 시장 보는 일이 만만치 않음을 보여 줄 수 있어 속으로 쾌재를 불렀다. 사실 음식 장만하는 일보다 시장 보는 일이 제일 버겁다.

어제 반쯤은 시장보기를 했다. 제상에 올릴 마른 것들은 죄다 샀다. 미리 준비하지 않으면 실수를 하기 때문이다. 밀가루와 참기름, 들기름, 식용유, 깨소금은 기본이다. 약과며 유과, 강정, 젤리 같은 과자. 황태포, 오징어, 대추, 밤은 물론 계란과 여러 가지 고명까지. 짝이 이렇게 수고를 나눌 줄 알았다면 종일 바쁠 필요가 없었는데 아쉽다.

방앗간 부부가 늦은 아침을 먹는지 큰 대접을 사이에 두고 숟가락을 사이좋게 넣어 밥을 먹는다. 그 와중에도 일찍 나왔다고 내게 인사를 건넨다. 함께하는 일 중에서 밥 먹는 일이 제일 보기가 좋다. '투게더'라는 아이스크림을 먹던 생각이 난다. 큰 아이스크림 통을 가운데 놓고 우리 자매들은 열심히 숟가락질을 했었다. 좁은 방에서 함께 지내던 때라 무엇이든 함께였다.

권씨네 과일 가게로 향한다. 20년이 넘는 단골이다. 미모가 출중한 주인아주머니는 나이가 들어도 웃음이 환하다. 과일들도 죄다 싱싱하다. 한 번도 실패한 적이 없다. 과일은 제사상에서 때깔로 제 몫을 단단히 한다. 붉고 푸른가 하면 샛노랗다. 게다가 초록에 보랏빛까지 합세하여 각각 품은 색을 골고루 펼치면 제사상은 그야말로 풍성해진다. 배달은 주인아저씨의 몫이다. 처음부터 짝을 이루어 가게 운영을 잘하는 바람에 갑부가 되었다고 주위 사람들이 수군대는 소리를 들었다. 평생 몸을 아끼지 않는 수고로움이 있었으니 갑부가 아니라 재벌이 되어도 이상할 것이 없다. 지금은 동생네 부부까지 거들어 번창일로이다.

이쯤 되면 제사 장보기는 거의 완성이 된 셈이다. 이제 소소한 재료들이 남았다. 어찌 부피가 작다고 덜 중요할까. 대개 채소류와 양념용이라 자칫하면 한두 가지 빠트려 바쁘게 음식을 장만하다 시장으로 달려와야 하기 때문에 메모한 것을 꼼꼼하게 살펴야 한다.

우선 나물거리와 전거리 마련을 위해 옥이네로 간다. 옥이는 그 집 딸 이름이고 상호는 영천상회다. 콩나물, 도라지, 버섯이며 시금치, 고사리까지 들먹이자 "아이고 새댁, 또 제산가 배. 추석 장 본 지 얼마됐다꼬 쯧쯧!" "저 헌댁이라니까요." 신혼 때부터 이 집을 드나들다보니 내 호칭이 옥이 어머니에겐 새댁이 되었다. 내게 시아버님은 얼마나 다정한 분이었던가. 이제 겨우 세 번째 기일이라 정성을 다하고 싶은데 옥이 어머니는 내 마음도 모른 채 혀까지 차니 당황스럽다. 안에서 쪽파를 다듬고 있던 옥이 아버지가 거든다. "다 복 받을 일인데 뭣이 힘들어!" 고마운 말씀이다. 이 집에도 짝이 있어 편안하게 드나드는 곳이다. 나물거리와 함께 부추, 양파, 깻잎, 버섯, 연근, 고구마, 당근 같은 전거리를 골고루 산다.

어머님은 조개류 산적을 높이 괴곤 하셨다. 나 또한 빠트릴 수 없다. 오랫동안 시장 귀퉁이에서 조개를 까서 파는 할머니께로 향한다. 오전이라 망 가득 건져온 홍합이나 개조개, 바지락이 입을 삐죽이 벌리고 있다. 내 입이 저절로 벌어진다. 해산물이 신선해야 산적 굄이 빛이 난다. 전복도 소라도 오늘따라 더 싱싱하다. 새까만 군소도 있다. 맛은 쫄깃한데 모양 때문 매번 망설인다. 요즘은 귀한 대접을 받는지라 아버님 제사상에 당연히 올려야지 싶어 얼른 집어 올린다. 어머님과 손잡고 오셔서 흠향할 제물이라면 되도록 귀한 것이어야 한다.

맞은편은 예전 두붓집이다. 전을 구울 때 제일 먼저 팬에 오르는 것이 두부다. 그러니 추석이나 설이 되면 이 집 앞은 그 줄이 장관이다. 김이 무럭무럭 나는 뜨끈한 두부는 나오자마자 불티나게 팔린다. 주인은 두부 만드는 일이 세상에서 제일 고귀한 일이라 생각하는 사람이다. 어깨에 잔뜩 힘이 실려 있고 얼굴 펴는 일이 없다. 기분 나쁘면 손님하고도 싸운다. 그럴 때마다 옆에서 반찬을 파는 그의 아내는 고개를 숙이고 자기 일에만 열중이다.

대개 짝이랑 함께하는 사람들은 숙부드럽다. 여유롭게 웃기도 하고 덤도 주는가 하면 두터운 배려심도 있다. 적어도 우리 동네 재래시장에선. 시장 안의 수정약국 부부의 친절함이 그렇고 구두수선집의 어머니와 아들은 헌 구두를 가슴에 품어가며 고친다. 족발집 자매, 참기름 집과 철물점의 젊은 부부가 모두 그렇다. 그런데 오직 이 두부가게 아저씨만 예외다. 걸핏하면 시장사람들과도 욕지거리를 하며 싸운다.

뜨끈한 두부가 나온다. 아저씨의 기분을 살핀다. 이게 웬일인가. 미소가 입가에 맴돈다. 옆에서 김치를 담그는 아내도 덩달아 맑음이다. 나는 망설이지 않고 제사상에 올릴 것이니 모양 좋은 것으로 두부 두 모를 부탁한다. 가장 중앙에 있는 반듯한 것을 골라 담아준다. 이건 정말 오랜만에 올린 쾌거다. 매번 귀퉁이 것이 걸려 기분이 좋지 않았는데. 두부까지 사면 이제 얼추 시장보기가 끝난다. 집에 가서 죽 펼쳐 보고 빠진 것이 있으면 오후에 느긋하게 한 번 나오면 된다.

잔칫상이나 제사상에 빠질 수 없는 것이 떡이다. 오죽하면 '떡 본 김에 제사 지낸다.'는 말이 나왔을까. 고향떡집, 시장떡

집, 서울떡집을 여유롭게 지난다. 떡은 막내동서의 몫이다. 동서의 친정어머니가 떡 방앗간을 하는 바람에 우리 조상님들은 떡 맛 제대로 본다. 인절미는 기본이고 계절에 따라 쑥떡과 절편, 증편이나 갖가지 시루떡, 약밥까지 골고루 오른다.

짝을 잃고 오랫동안 혼자였던 아버님은 허리가 점점 굽어졌다. 나중에는 몸의 중심을 잡지 못해 걸음걸이마저 휘뚝거렸다. 외로움이 깊어져 웃음마저도 쓸쓸했던 그분의 기일을 앞두고 걸음걸이가 꼭 닮은 남편이 내 앞을 가고 있다. 무거운 짐 때문에 한쪽으로 몸이 쏠려 뒤뚱거린다.

문화 뻥튀기를 지나 시장을 나오려는데 누군가 어깨를 툭 친다. 바퀴 달린 작은 짐수레를 끌고 나온 J 여사다. 짝을 잃은 지 꽤 오래된 그녀를 작년 이맘때도 시장에서 만나 수인사를 나누었다. 그러고 보니 언젠가 들은 적이 있다. 추석 지난 후 곧 남편 제사가 있노라고. J 여사도 나도 희미하게 웃고 지나친다.

젊어서 일찍 남편을 잃은 그녀, 그보다 좀 더 오랜 세월을 함께하다 어머님을 먼저 보낸 아버님, 모두 외기러기로 살면서 등은 시리고 어깨는 얼마나 허전했을까. 누구나 종내 혼자 남는다. J 여사의 허한 어깨가 스치자 갑자기 내가 서럽다.

뒤처진 나를 의식했는지 남편이 뒤돌아본다. 분명 짝이 지척에 있는데 아득하게 멀어 보인다. 그를 놓칠까 봐 내 걸음이 빨라진다.

바람

– 너도바람꽃

부산역에서 지하철을 탔다. 모시 두루마기를 입은 신사가 성큼성큼 걸어오더니 옆자리에 앉았다. 옥색적삼이 은은하게 비치고 팔에는 등토시를 끼고 있었다. 푸새를 하고 다듬이질한 솜씨가 예사롭지가 않았다. 갓이 아닌 중절모가 모시 두루마기와 잘 어울린다는 사실을 처음 알았다.

중요한 유림의 모임에 좌장으로 가는지, 고전을 강의하러 향교로 출행을 하는지 촘촘하게 고운 열두 새 모시 올이 그대로 살아나는 두루마기를 입은 품새가 조선의 선비 같은 기품을 보였다. 지하철 안의 시선들이 한쪽으로 쏠렸다.

아직 여름의 초입이라 선선한 날씨인데 등토시까지 낀 차림새가 잔뜩 격을 차렸다. 남자는 가방에서 묵직한 합죽선을 꺼내더니 활짝 펼쳐 천천히 팔을 움직여 바람을 일으켰다. 부채 때문인지 서슬 퍼런 호연지기 풍모였다. 아, 그런데 부채에 그려진 그림은 산수화도 민화도 아닌 붉은 목단이었다. 은은한 순백색 모시와 목단은 붉은 바람을 한 점씩 흩뿌렸다. 선비는 한 걸음 더딘 여름을 불러내 온전히 자기 것으로 만들고 말았다. 지하철 안은 여름 한가운데 있었다.

남자는 눈을 반쯤 감고 슬슬 바람을 일으킨다. 바람이 내 뺨을 스친다. 빳빳하게 각이 잡힌 모시 두루마기가 구겨질까 봐 나는 자꾸 몸을 움츠린다. 부채 바람은 일렁일렁 물결을 이룬다. 목단의 붉은 빛도 함께 다가온다.

지리산이나 덕유산 같은 높은 산지에 피는 너도바람꽃이 있다. 눈도 녹지 않은 언 땅을 뚫고 나오는 이 꽃은 봄의 전령사로 깨끗한 흰빛을 자랑한다. 바람꽃이라고 불리는 꽃들은 대부분 여름에 핀다. 그런데 너도바람꽃은 한 계절을 앞서서 성급하게 왔다가 바람처럼 사라진다.

여름이 오기도 전에 풀 먹인 모시옷에 붉은 목단 꽃부채까지 쥔 그 남자, 깊은 골짝에서 때 이르게 피는 너도바람꽃이다. 한 여자가 몇 날을 허리 아프게 손질한 의복을 갖춰 입고 '나도 선비로다.' 몸으로 일갈하는 자세가 자못 당당하다. 눈을 뚫고 거친 땅을 헤치고 올라 온 너도바람꽃의 기세다.

선비는 어느새 지하철에서 내렸다. 선들선들하던 바람도 잠깐 사이에 사라졌다. 내 하얀 치마폭에 붉은 꽃잎 하나가 화르르 내려앉았다. 모시 두루마기의 신사는 붉은 바람을 흩뿌리는 소명을 받들고 여기저기 흔적을 남겼다.

– 단오

음력 5월 5일은 일 년 중 가장 원기가 왕성한 날이다. 남자들은 씨름을 하고 여자들은 그네를 뛰며 땅의 양기를 받아들였다. 고려가요 〈동동〉의 5월령은 임의 장수를 기원하는 노래이다.

아! 단옷날 아침에 먹는 약은/ 천 년을 오래 사실 약이므로 바치옵니다./ 아으 동동다리

천 년을 사는 약을 바치는 때가 바로 단옷날이다. 짱짱하게 빛나는 태양의 축제요, 창포 꽃의 축제며 수리취떡과 앵두화채를 먹는 음식의 축제날이다.

옛 궁전에서는 단오가 되면 신하들에게 부채를 나누어 주는 풍습이 있었다. 공조와 지방에서 부채를 만들어 진상하면 임금은 신하들에게 이 부채를 나누어 주었다. 단옷날은 태양의 기가 극에 달하는 날이다. 즉 여름이 시작된다는 뜻이다.

마당의 장미가 흐드러지게 피고 앵두가 영그는 때면 나도 온 동네에 부채를 나누어 주었다. 아버지가 다니던 회사에서 만든 부채였다. 선풍기도 귀하던 시절이라 여름이면 부채는

귀한 대접을 받았다. 시원한 원두막에서 수박을 먹는 그림이나 푸른 파도가 넘실대는 해수욕장 풍경, 나팔꽃이 담장을 기어오르는 그림 때문에 인기도 좋았다. 노인이 계신 집에는 여배우 사진이 있는 부채를 특별히 골라 선물했다. 이웃 할머니는 해마다 새 부채를 개비해 준다고 내게 동전을 쥐어주기도 했다. 부채는 아버지가 주셨지만 인사는 모두 내 몫이었다. 부채를 나누어 주고 골목길을 나서면 바람이 출렁거려 이마의 땀을 쓸어갔다.

단오가 되면 뒤란 처마 밑에 세워 두었던 평상이 마당으로 나오고 연탄 화덕도 담 밑으로 자리를 옮겼다. 어머니는 익모초 달인 물에다 수리취떡을 내오셨다. 평상에 빙 둘러 앉아 우리도 수릿날 양기를 흠뻑 받아들였다. 해가 기울면 연탄화덕에서 애호박전을 부쳤다. 뜨거운 호박전을 먹는 우리에게 어머니는 목덜미 쪽으로 살랑살랑 부채질을 해주셨다.

예부터 '여름 생색은 부채요, 겨울 생색은 달력'이라고 했다. 단오를 맞아 마음의 부채負債를 진 사람들에게 부채를 선물해야겠다.

– 마파람

여름의 초입에 서양화가와 서예가의 부채 2인전이 열렸다. 그곳에서 '숲'이라고 불리는 부채 한 점을 데려와 벽에 걸었다.

나뭇가지로 부채의 틀을 만들어 한지를 입히고 물감을 먹여 마당 한쪽에 다소곳이 핀 풀꽃을 그려 넣었다. 그 그림에 어울리도록 서예가 규빈 선생님이 한글로 숲이란 글귀를 단정하게 썼다. 첫눈에 반한 작품이다. 이 방구부채는 둥근 자태가 어여쁘고 온유하다. 손잡이 또한 옹이 박힌 가지를 골라 만들어 끝 부분에서 슬며시 곡선을 그리고 있어 애무의 손길을 보내고 싶다.

부채를 가만히 들여다보고 있자니 풀잎 사이로 글자들이 숲을 나와 온 집안을 떠돈다. 화가의 뜰에 피어난 작은 풀들이 일어나 춤을 춘다. 에어컨도 없는 우리 집에서 숲은 여름 한 철 바람을 솔솔 뿜어낸다. 담장 아래 머물던 바람, 마당을 가로질러 대청마루로 오르던 바람, 뒤뜰의 모과나무 잎을 흔들던 그 바람이다. 겨울을 지나는 동안 아린 찬바람을 붙잡아 부채 속에 온전히 가두었다가 소서, 대서절기에 기다렸다는 듯이 슬금슬금 나와 한줄기 바람을 선사한다. 답답한 마음을 풀어주고 더위도 확 날려주는 천연의 바람이다.

가지고 있던 다른 부채도 맞은편 벽에 걸어본다. 맞바람이 분다. 서양화가와 서예가는 그림과 글씨로 풍류놀이를 크게 벌여 맞바람을 일으킨다. 먹과 물감이 어우르는 바람, 한글과 풀잎이 마주보는 바람이다.

남풍, 즉 마파람이 불면 더위를 식혀 줄 비도 함께 따라 온다. 곡식도 놀랄 만큼 빠르게 자란다. 우리 집 거실에 부는 청량한 맞바람 덕분에 여름은 슬그머니 뒷걸음질을 한다.

– 명지바람

봄날 화창하게 부는 바람을 명지바람이라 한다. 비단결같이 부드러워 명주바람이라고도 한다. 발등을 슬쩍 스치고 뺨을 어루만지고 귓불에 어른거리는 바람이다.

시할아버님은 평생 힘든 일을 해본 적이 없다. 3대 독자로 어릴 때부터 철철이 보약을 먹고 비단옷을 입고 귀하게 자랐다. 가장이 되고도 집안일은 애당초 남의 일이었고 그저 팔도 유람을 일삼는 한량이셨다. 할아버지에겐 비단결 같은 보드라운 명주바람이 따라다녔다. 지나간 곳은 꽃자리처럼 환했다. 훤칠한 키에 옥 같은 흰 피부, 그리고 시원시원한 눈매는 다른 사람들의 관심을 끌기에 충분했다.

모내기가 한창인 초여름, 부지깽이도 일어나서 농사일을 한다는 농번기에도 할아버님은 유유자적 나들이를 다녔다. 모시 두루마기를 날개처럼 펼쳐 입고 손에는 쥘부채를 들고 걸음걸음 가볍게 들판을 지났다. 힘든 농사일과 대가족을 돌보느라 바쁜 중에도 어머님은 모시옷 손질을 했다. 풀을 먹이고 다듬질은 기본이요, 일일이 손으로 당기고 매만져 올을 세웠다. 새하얀 동정까지 달아 반듯하게 내어 놓으셨다.

논에서 일하는 동네사람들의 따가운 눈총은 아랑곳하지 않고 식구들의 원망 따윈 잊은 지 오래였기에 며느리가 손질한 모시 두루마기를 입고 학처럼 날듯 신작로를 따라가 기차에 오르곤 했다.

동래 온천장 광장에서 할아버지가 하얀 명주 손수건을 들고 나붓나붓 춤을 추면 사람들이 모여들고 뭇여자들의 가슴을 설레게 했다. 할아버지는 두루마기 자락에 바람을 매달고 신선놀음으로 세월을 보냈다. 벼가 뜨거운 뙤약볕에 쑥쑥 자라고 이삭이 배가 불러 고개를 숙일 때도 부채로 뜨거운 태양을 가리고 들길을 다녔다. 그 행보가 점잖기로는 따를 자가 없었다.

어찌 온천장뿐이었을까. 눈이 녹으면 봄맞이를 하기 위해, 가을이면 건들마를 쐬러 전국의 곳곳을 두루 다니셨다. 일흔에는 한라산 백록담에 올랐다. 할아버님이 제주도의 거친 바람을 맞고 돌아오신 뒤에도 꼬박 30년을 어머님은 여름이면 모시 두루마기 손질을 하셨다.

타고난 재주와 넘치는 감성을 주체하지 못하신 할아버지는 홀로 방랑의 바람이고자 했다. 궁벽한 시골에서 살아가기에는 총명함도 때론 커다란 걸림돌이 되었다.

할아버지는 봄날, 명지바람처럼 그렇게 화창하게 가셨다. 돌아가신 후 벽장 속 종이함을 열어보았다. 합죽선과 오엽선이 들어있고 명주 손수건과 옥색 돈주머니, 가죽 안경집과 회중시계 그리고 여자의 옥가락지 한 쌍이 들어 있었다. 그 속에서 숨죽이고 있던, 할아버지가 사방에서 데리고 온 바람이 휘익 밖으로 달음질을 쳤다. 바람은 그렇게 할아버지처럼 머물지 못하고 사방으로 흩어졌다.

블루 사이공

뮤지컬 〈블루 사이공〉을 보았다. 레드나 블랙이 아닌 블루는 왠지 음울한 느낌을 주었다. 푸른빛에서 화약 냄새가 나는 것 같았다. 이데올로기나 전쟁을 표현한 것은 언제나 적색이었기 에 더욱 그랬다. 푸름이라면 평화를 상징하는데 전혀 그런 느낌은 아니었다.

주인공이 객석의 뒤쪽에서 푸른 옷을 칭칭 감고 나타났다. 땅속에서 울리는 듯한 목소리로 노래를 부르며 서서히 무대 위로 올라가는데 전율이 일었다. 왈칵 눈물이 났다.

김상희가 부른 〈월남에서 돌아온 김상사〉는 속도감이 있어 경쾌했다. 어릴 적 행진곡을 부를 때처럼 신나게 따라 부르기도 했었다. 그런데 블루 사이공에서 듣는 그 노래는 폐부 깊숙이 자극을 했고 음울하게 들렸다. 그땐 반가움과 그리움으로 부른 노래였다. 지금의 김 상사는 아픔이고 슬픔이고 화약이다. 극중 김 상사는 월남 파병을 하고 돌아온 고엽제 환자다. 그는 1940년생이다. 일제강점기에 태어나 한국 전쟁을 온몸으로 겪으며 자랐고 베트남 전쟁에 참전을 하였다. 그는 많은 전쟁을 겪은 세대다. 고엽제로 인해 병든, 월남에서 돌아온 김상사는 가슴 아픈 현실이다. 그리고 전쟁이 인간의 삶을 어떻게 파괴해 나가는지 보여주는 과거로의 여행이었다.

뮤지컬에서 그나마 마음을 밝혀 준 것은 특별 제작된 300여개의 아름다운 연등으로 수놓아진 쭝투 축제를 표현한 것이었다. 그래서 그 뮤지컬은 어두움만이 아니라 아름다움이었고 희망의 메시지가 담긴 것이었다.

블루 사이공에서 박진감 넘치는 전투장면은 섬뜩한 느낌을 주었고 라이 따이한에 대한 어두운 기억이 가슴을 저리게 했지만 화려한 의상과 춤, 그리고 곳곳에 산재한 희극적인 요소가 공포감을 덜어 주었다. 전쟁 속에서도 인간이 살아가는 궁극적인 것은 서로에 대한 사랑이었다.

사촌오빠가 파월 장병이 되어 월남으로 떠나고 나서야 나는 세계지도를 펼쳐 보았다. 인도차이나 반도의 남북으로 길쭉한 나라, 남중국해와 맞닿은 나라가 월남이었다. 백마부대 대원이 되어 떠난 오빠 때문에 자주 세계 지도를 보았다.

대한 뉴스에서는 부산의 부두에서 태극기를 흔들며 큰 배에 오르는 파월 장병들을 자주 볼 수 있었다. 그 모습은 무적을 자랑하는 씩씩한 군대였다. 왜 전쟁을 하는지, 전쟁이 무엇인지도 모르면서 파월 장병 아저씨께로 시작되는 편지 대신 오빠에게 긴 편지를 쓰곤 했다. 그러나 오빠의 편지에서는 전쟁 냄새가 나지 않았다. 대신 초콜릿 냄새가 났다.

그즈음 이웃에 월남에 갔던 친구 오빠가 귀국을 했다. 무지하게 큰 레이션 박스와 그보다 더 큰 상처를 훈장처럼 달고 왔다. 부상을 당해 한쪽 팔을 못 쓰게 된 것이었다. 그 집에는 한동안 어둠이 내렸고 친구 어머니는 연일 목놓아 울었다. 나는 비로소 전쟁 때문에 오빠가 죽을 수도 있다는 공포감으로 편지 쓰기를 중단했다. 그리고 월남은 먼 나라가 아니라 이웃인 것처럼 가깝게 느껴졌다.

내가 아는 한 남자는 고엽제 후유증으로 한쪽 눈을 실명하고 말았다. 그래서 〈블루 사이공〉에선 치즈 냄새가 아니라 화약 냄새가 난다. 푸른빛을 쏘아내는 무대는 분명 낮게 드리운 블루였다. 2차 대전 이후 가장 참혹했던 베트남 전쟁터를 가보지 않고도 온몸으로 느껴야 했다.

'평화에 대한 갈망'이라는 나름대로 거창한 화두를 마음에 새기고 베트남을 향했다. 사이공은 베트남 전쟁 이후 호치민이란 이름으로 바뀌었다. 베트남 영웅인 호치민은 영웅인 동시에 베트남인들에게는 어버이였다. 그들에겐 영원한 안식처

이기도 하다. 지금은 1980년대의 도이 머이(Doi Moi)이후 가장 발전하는 도시로 탈바꿈하여 활기 넘치는 곳이다. 1975년 사이공이 함락된 이후 통일된 베트남은 푸른 멍 자국을 곳곳에 간직한 채 앞으로 나아가고 있다. 호치민이 없으면 존재할 수 없는 나라이기에 아주 자연스럽게 받아졌을 것이다.

밤중에 도착한 호치민의 탄손 낫 국제공항은 어둠이 아니라 밝음이었다. 사람들의 목소리는 톤이 높고 화사하게 들렸다. 이튿날 아침, 설 연휴기간이 끝나긴 했지만 곳곳에서 명절 축제가 열렸다. '새해 복 많이 받으세요' 라는 뜻의 베트남어 현수막이 거리에 물결치고 상점이나 관공서 입구에도 어김없이 이 글귀가 있었다. 베트남 사람들에게도 설은 최대의 명절이었다. 쫑투 축제에 들고 나왔던 화려한 등이 여기저기 걸려 있었다. 특히 화교들이 사는 중국인 거리에는 용춤이나 사자춤을 구경하기 위해 몰려온 시민들로 북새통이었다. 호치민은 옛 사이공이 아니었다.

〈블루 사이공〉에서 느낀 깊은 음울함은 어디에서도 찾아볼 수가 없었다. 미래를 향해 나아가는 새로운 희망이 넘실대는 젊은 도시였다. 그렇다면 블루는 그런 멍 자국이 아니라 넘치는 힘일 수도 있다.

귀명창 입문

한 시간째 웅크린 자세로 요지부동이다. 저 남자, 허리를 펼 생각이 없어 보인다. 어째서 넓은 탁자의 모퉁이에 엉덩이를 반쯤 기대고 벽을 향하고 있는지 모르겠다. 저걸 어쩌나. 나는 김치전을 부칠 때 뒤집개를 들고 맥없이 바라보다 꺼멓게 태우고 말았다. 싱크대 앞에 서서 무채를 썰면서도 흘끗흘끗 돌아본다.

성충이 되기 위한 숨죽인 번데기 같은 자세다. 저러다 복사꽃 분분이 흩날리는 날, 영화 쿵푸팬더의 우그웨이 대사부처럼 우화등선羽化登仙을 해서 날아오르는 건 아닐까. 지나치게 헐렁한 겉옷이 마치 벗어놓은 허물처럼 보인다.

벌써 한 달이 넘도록 자신을 가두고 있다. 귀에 이어폰을 꽂고 있으니 분명 좋아하는 클래식 곡을 듣고는 있을 것이다. 어제는 어떤 곡이냐고 물었더니 베토벤 피아노소나타와 피아노 협주곡이 진하게 울림을 준다며 짧게 한마디 했다. 얼마 전, 우리는 음악회에서 〈베토벤 피아노협주곡 5번 황제〉 연주를 듣고 며칠 그 감동으로 들떠 있었다. 피아노와 관현악의 조화가 아름다웠고 젊은 피아니스트 김선욱의 연주는 탁월했다.

지난해 봄 웅크린 저 남자는 클래식 공부를 제대로 해 보겠다며 두 곳의 음악 강좌에 등록을 했다. 그리고 신세계를 향해 나가듯 신나게 하루하루를 지냈다. 도서관을 열심히 드나들고 연주회도 빠짐없이 찾아다녔다. 내가 좋아할 만한 곡들을 선별해 들려주며 해설까지 덧붙였지만 듣는 척만 했다. 클래식 세계의 숨겨진 이야기를 들려줘도 건성으로 흘려들었다. 굳이 나까지 빠져들고 싶지 않았다.

그가 음악의 세계에 발을 들여 놓은 것은 결혼 이후다. 처음으로 둘이서 교향악단의 연주회에 갔는데 악기 이름을 제대로 알지 못했다. 음정을 나타내는 기본 단위도 교향악단의 구성도 전혀 몰랐다. 그날 이후 음악에 대한 기본 지식을 들려주었다. 의외로 효과가 컸다. 시골에서 중고등학교를 나온 그는 음악수업을 제대로 받아 본 적이 없다고 했다. 내게 익숙한 것이 그에겐 멀고 낯선 세계였다.

고등학교 때 음악선생님은 귀한 클래식 명반을 가져와 자주 들려주었다. 빈 필 하모니오케스트라, 베를린 필하모니, 런던

심포니도 그때 처음 접했다. 가끔 선생님께 레코드판을 빌려 성능 좋은 오디오가 있는 친구집에 모여 귀를 쫑긋 세워 진지하게 들었다. 합창반 지도를 하시던 선생님은 노래 연습을 하다 쉬는 시간이면 명곡 감상 시간을 갖기도 했다. 그러고 보면 나는 음악에 있어 무한혜택을 받은 셈이다.

결혼 후 30년 동안 저 남자는 한 번도 싫은 내색 않고 음악회에 동행해주었다. 지난 10년은 나 대신 그가 예매를 맡았고 좋은 공연을 찾아 부산이든 서울이든 같이 다녔으니 귀명창이 되기 위한 기초를 어느 정도 다지긴 했다.

악기 연주는 감히 할 수 없고 노래 부르는 것도 재주가 없으니 제대로 귀명창이라도 되는 것이 목표라고 했다. 비바람이 몰아치는 날에도 바람을 뚫고 강의에 빠짐없이 참석하고 도서관의 예술분야 코너를 뒤져가며 책을 읽었다. 아침부터 저녁까지 열정적인 바이올린 선율이 오디오에서 흘러나와 집안에 넘쳐나기도 했다. 귀명창이란 본디 소리에 관한 정확한 이해와 지식을 바탕으로 제대로 감상하는 능력을 갖추어야 한다. 그렇다면 많은 노력이 따라야 한다는 것이 그의 지론이다.

겨울에 접어들자 저 남자 신바람 나던 그 일이 갑자기 시들해졌다. 기운이 다 빠져 허깨비처럼 보였다. 몸무게도 급격히 줄더니 주름도 늘었다. 머리도 희끗해졌다. 걸음걸이마저 엉거주춤하여 예전의 시아버지를 닮아가고 있다. 사람이 갑자기 작아질 수 있다는 것이 믿기지 않았다. 양복을 갖춰 입으면 보기 싫지 않을 만큼 옷매도 산뜻했는데 그마저도 사라져 안타까웠다. 그 원인이 아주버님의 죽음에 있었다는 걸 알아채는 데 한참이나 걸렸다.

지난해 가을, 아주버님이 교통사고로 불귀객이 되었다. 그는 사고 수습을 하고 장례를 치르고 여러 가지 서류정리를 하느라 한동안 정신이 없었다. 어느 정도 일이 마무리 되던 그즈음 몹시 앓았다. 눈이 퀭하게 들어가더니 머리카락이 자꾸 빠진다고 했다. 아마 그 이후였을 것이다. 저렇게 행동이 부자연스럽고 움직임이 굼뜬 것은.

거듭되는 사업실패와 현실감각 없이 망상을 쫓는 형은 저 남자에게 몽근짐이었다. 그는 형과 의식적으로 마주치지 않으려 했지만 그런 불편한 관계를 유지하느라 몹시 힘든 눈치였다. 그런데 언제부턴가 그 형이 달라지기 시작했다. 자신이 아니라 주변을 조금씩 돌아보기 시작했고 가족들의 안녕을 묻기도 했다. 저 남자도 함께 여행을 하며 서로에게 남은 찌꺼기를 털어버리고 형제애를 되찾고 싶어 했다. 그런 야심찬 계획이 진행 중이었는데 형은 서둘러 세상을 떠나고 말았다.

알고 보면 아주버님은 집안의 줏대잡이였다. 장손이기에 그 많은 제사에서 주장이 되어 앞자리에 섰고 고향을 지켰으며 부모를 돌아가시는 날까지 보살폈다. 아주버님이 돌아가신 후 남편은 처음으로 제주가 되어 조상님께 절을 올릴 때, 두 번씩이나 다리가 휘청거리는 걸 보았다. 조카의 결혼식 날, 형을 대신하여 혼주 자리를 지킨 남편은 집에 돌아와 뜬눈으로 밤을 새우더니 다음날은 종일 밥도 먹지 않았다. 거실의 귀퉁이에서 이어폰을 낀 채 해껏 음악만 들었다.

며칠 전부터는 어깨 통증을 호소하더니 앉은 자세가 영 불편해 보인다. 음식을 조금만 먹어도 배탈이 난다. 여전히 클래식 강의는 들으러 다니고 있다. 그런데 새로운 곡을 들려주지 않는다. 어쩌면 그는 잔뜩 겁먹고 있는지도 모른다. 집안일을 주도적으로 이끌고 아버지를 잃은 조카들의 작아진 어깨를 감싸주는 일도 힘에 겨운가보다. 좀 더 시간이 필요해 보인다. 그렇다면 음악이 가장 위로가 될 수밖에.

닫힌 귀를 열고 귀명창이 되려는 저 남자, 어쩌면 지금 멀리 내다보며 소리를 모으는 법을 배우는 중이다. 크게 걱정할 일이 아니다. 자세히 보니 그의 손가락이 리듬을 타고 있다. 어라, 허리를 죽 펴고 벌떡 일어나 방으로 들어가기에 얼른 이어폰을 내 귀에 꽂아본다. 모차르트의 레퀴엠이 흘러나오면 어쩌나 염려했는데 재즈풍의 피아노곡이다. 조지 거쉰의 〈랩소디 인 블루〉다. 피아노 건반이 통통 튀어 오른다. 작은 소리에도 민감하게 반응하고 남의 말도 귀 기울여 듣는 저 남자, 진짜 귀명창이 되려나 보다.

여름이 시작되는 유월 초입에 전주 대사습놀이에 함께 가야겠다. 클래식도 좋지만 우리 판소리를 꼭 들려줘야 한다. 판소리 세계에서는 명창보다 중요한 것이 귀명창이렸다. 진정한 귀명창이 되도록 판을 벌여줄 참이다. 전통 판소리의 고장에서 소리의 바다에 빠지면 '뻥' 하고 귀가 뚫릴지도 모른다.

나는 싱크대로 돌아서서 하던 칼질을 마저 한다. 무채가 아까보다 곱다. 슬쩍 다시 돌아보니 어느새 저 남자 이어폰을 꽂고 있다. 열려라 참깨!

칼을 품다

가을이면 청미래덩굴 가시에 찔리곤 했다. 그 붉은 열매에 현혹되어 산골짜기를 헤매고 다녔다. 탱자나무 가시에도 손끝을 자주 찔렸다. 노란 탱자는 코끝을 자극하는 향기가 짙었다. 오갈피나무 가시는 왜 그리 갈고리처럼 무서운지. 호랑가시나무 잎에는 예리한 가시가 많았다. 그 옆을 스쳐 지나다 팔이 긁혀 삐주룩이 피가 났었다. 그러나 가시 많은 나무들은 대부분 독이 없다. 아무리 깊이 찔린다 해도 검붉은 피가 솟구쳐도 죽을 일은 더욱 없다. 만병을 치료하는 약재인 그 나무들은 염증치료에도 효과가 탁월하다. 그리하여 날카롭기는 칼과 같으나 두려움은 천양지판이다.

종일 지독한 고열 때문에 이불을 뒤집어쓰고 끙끙 앓다가

꺼이꺼이 울기도 했다. 한 걸음도 움직일 수가 없었다. 비상약도 소용이 닿지 않았다. 어둠이 방안으로 밀려오자 고통은 극에 달했다. 칼인지 가시인지 그 무엇이 전신을 찔러 대는 통에 호흡마저 곤란해져 밤이 깊어서야 응급실을 찾았다.

침상에 누워 있는 사람은 나밖에 없었다. 우글쭈글 일그러진 모습에 신음소리마저 새어나올까 봐 이를 악물었다. 진통제와 해열제가 서서히 몸속으로 퍼지는 것을 느꼈다. 사시나무 떨리듯 하던 몸이 조금씩 제자리를 찾아갔다. 약물이란 것의 효용을 생각하며 숨을 깊게 들이마셨다. 종일 물 한 모금을 먹지 못해 입은 마르고 몸은 푸석거렸다. 방울방울 혈관을 타고 들어가는 수액 덕분에 약간의 평온함을 느끼던 그 순간, 난데없이 큰 소리가 나더니 좁은 응급실을 쩌렁쩌렁 울렸다.

"칼 쥔 놈 다 나와라. 다 나오란 말이다. 칼이면 최고냐! 칼 쥔 놈 어디 있어 응?"

젊은 의사가 놀라 엉거주춤 나서자 키가 큰 할아버지가 멱살을 확 낚아채더니 구석으로 밀쳤다. 밖에서 사람들이 우르르 들어왔고 두 명의 간호사는 얼른 피했다. 몇 명의 장정들이 할아버지를 밖으로 끌다시피 데리고 나갔다. 잠시 정적이 흘렀다. 그런데 문 앞이 수선스럽더니 다시 노인이 들어왔다. 응급실에는 나 혼자였다. 아까보다 더 큰 소리로 칼 쥔 놈을 찾았다. 침대 모서리를 꽉 잡았다. 조금 내렸던 열이 급속하게 올랐다. “바로 네 놈이지”라고 하며 노인이 내게 주먹이라도 날릴 것 같아 온몸이 떨려왔다. 여기서 이래봐야 소용이 없다고 여자가 울먹이며 노인을 데리고 나갔다. 간호사가 황급히 오더니 걱정스런 표정으로 링거액을 조절해 주었다. 칼 쥔 놈이 정말 누구인지 갈피를 잡을 수가 없었다. 난데없이 나타난 노인이 휘두른 칼로 인해 온몸이 짓쑤셨다. 나는 반쯤 남은 링거액을 빼 버리고 집으로 돌아왔다.

응급실을 다녀오고도 닷새를 꼬박 더 앓았다. 잠이 들면 지독한 악몽을 꾸었다. 파키스탄의 아슬아슬한 카라코람 하늘길을 여행하던 여름날, 폭염 속에서 생기를 잃어가던 모습이 자꾸 보였다. 칼날처럼 번뜩이는 햇빛 속을 고물 버스에 실려 다니느라 지쳤었다. 그런데 시골 장터에서 파키스탄 남자가 무심히 칼을 들고 닭의 목을 치는 장면을 보고 입맛까지 잃었던 기억들이 꿈속에서 선명히 살아났다. 칼끝보다 더 무서웠던 더위를 내 의식 속에 가두고 살아왔던 것이다. 그 여름 이후 품은 칼을 내려놓지 못해 그렇게 열에 들떠 헛소리를 해댔다.

사람들은 적과 동지를 구별하지 못한다. 매 순간 그러하다. 그래서 칼을 차고 싶어 한다. 나남없이 모두. 약한 자는 물론 강한 자도 분별없이 칼을 갖고 싶어 한다. 하지만 칼을 쥐는 순간 약자가 된다. 칼끝이란 본디 자신을 향한다는 진리를 어리석은 인간들은 간과할 뿐이다.

김훈은 ≪칼의 노래≫에서 전쟁 중 외로웠던 이순신의 마음을 칼의 단순성과 허무로 이야기한다. 그래서 책에 부제를 붙였다. '그 한없는 단순성과 순결한 칼에 대하여' 라고. 세상은 칼로써 헤쳐나 갈수 없으며 본래의 사명이 두려움 없는 순결성에 있다는 걸 강조하고 있다. 이순신의 칼은 순결했으나 묵직했다. 그 부제를 볼 때마다 칼에 대한 오해와 현란함을 단칼에 잘라버리는 기분이었다. 한 열흘 끙끙대는 동안에도 그나마 숨을 쉴 수 있었던 것은 칼의 단순함과 순결성을 믿어 의심치 않았던 탓이다.

죄 지은 일도 없는데 경찰서 가는 일이 유쾌하지 못해 망설였다. 학생들의 응모된 원고를 봐 달라는 말에 마지못해 들렀다. 그런데 경찰서 로비에 만취한 상태가 되어 큰 대자로 누운 남자가 고래고래 소리를 질렀다. 아니 품고 있는 칼을 휘두르고 또 휘둘렀다.

"서장놈 나오너라! 국장놈 나오너라! 청장 그 놈도 불러내라! 말카 목을 떼버리고 말끼니까아~!"

입에 거품을 물고 목에 푸르게 핏대를 세우던 남자는 지칠 줄을 몰랐다. 나는 수백 번 같은 소리를 들어야 했다.

"저 사람 상습범입니다. 무서워서 어디 경찰하겠어요? 우린 늘 이렇게 당하기만 합니다. 요새는 저 사람들이 칼자루를 쥐고 있어요. 오늘도 수없이 우리 목을 쳤다 붙였다 하는 것 보세요."

묻지도 않았는데 담당 경찰관이 하소연을 했다. 그러고 보니 적과 동지가 구별되지 않는 세상에 살고 있는 것이 틀림없었다. 한때 그런 우매한 사람이 동지로 보일 때가 있었다. 뿐만 아니라 공권력을 행사하는 경찰이 적으로 보일 때도 많았다. 그런데 경찰서 로비의 차가운 돌바닥에 누운 남자가 그날만은 적으로 보였다. 칼자루를 쥐고 누구든 이유 없이 베고 싶어 했으니까. 그게 나일 수도 있다는 생각에 심히 불편했다.

경찰서 마당의 키 큰 나무에서 매미가 그악스럽게 울어대던 날의 풍경은 한참동안 나를 옥죄었다. 마음의 갈피를 잡지 못해서인지 부엌칼을 들 때마다 손을 베었다. 일회용 반창고가 손가락을 떠날 날이 없었다. 수십 년 칼질을 했는데 연마가 부족한 나를 식구들은 측은하게 바라본다. 삐죽삐죽 나온 피가 반창고를 물들였다. 칼을 다스리는 것이 내 자신의 품성을 단련시키는 일임을 알기에 괜히 화가 났다.

약을 계속 먹었는데도 입술이 터지고 눈이 충혈되었다. 코피가 쏟아지더니 혓바늘도 돋았다. 경찰서에서 본 그 남자마저 나를 자극했다. 독한 약을 먹은 탓인지 속도 아렸다. 마치 전쟁터에서 한바탕 무거운 칼을 휘두른 듯했다. 칼에 찔리고 베인 듯 온몸은 아팠다.

품은 칼을 내려놓기로 한 날, 달력을 보니 절기는 우수 경칩을 지나고 있었다. 앞산은 언뜻언뜻 봄기운을 내비쳤다. 자리를 털고 일어났다. 오랜만에 목덜미에 햇살을 받고 외출을 했다. 다리에 힘이 빠져 헛걸음질을 하는 통에 자주 멈춰서야 했다. 겨울과 달리 볕은 순했다. 시장의 주방용품 코너를 지나는데 무언가 반짝 빛이 났다. 칼 두 자루였다. 화사한 튤립이 칼의 몸체에 붉게 피어 있었다. 망설일 필요 없이 두 팔을 벌려 그것을 안았다.

앓는 동안 악몽을 꾸며 칼을 찾던 나 때문에 마음을 졸였던 남편은 꽃그림이 화사한 칼을 보더니 의아해한다. 꿈속에서 진검승부라도 벌이는 줄 알았는데 안심해도 되겠다며 씁쓸한 웃음을 흘린다. 칼을 물끄러미 들여다보다 돌아서는 남편의 어깨가 좁고 지쳐 보인다. 머리도 희끗하다. 저 남자, 한 지붕 아래 산다는 이유로 내가 내두른 칼에 제일 많이 상처를 입었을 것이다. 그럼에도 비명 한번 질러보지 못해 저렇게 기운이 빠진 것이 아닌가. 제일 먼저 저 남자에게 꽃칼로 자르고 썰며 다져서 만든 거룩한 밥 한 그릇을 바쳐야겠다.

두 자루의 칼을 도마 위에 올려놓고 사뭇 비장해진다. 칼 가진 자들과 겁 없이 맞닥뜨려 그 허무를 걷어내고 꽃으로 환하게 어루만져 주고 싶다. 칼 쥔 자들이여 오라! 내 거룩한 꽃밥 한 그릇 바칠 터이니.

청미래덩굴, 오갈피나무 가시가 그러했듯이 깊숙이 찔러놓고도 해독까지 해주는 덕을 칼 또한 지녔음을 안다. 묵직하여 스스로를 빛나게 닦아 시비를 결단할 수 있는 칼이라면 하나쯤 품어도 좋을 일이다. 유사 이래 칼이 꽃의 순결함을 이겨본 적은 없지 않을까. 꽃 앞에서는 다만 부드럽고 온유하여 누군가를 받드는 가장 아름다운 도구일 뿐이다.

봄을 수놓다

1. 한 땀

태생적으로 쓴맛을 좋아했습니다. 쓴 약을 냉큼 잘도 받아먹었으니까요. 달달하고 영양가 있는 음식 앞에서 도리질만 하느라 겨울을 나고 봄이 되면 내 얼굴은 누렇게 뜨고 피부도 거칠거칠했습니다. 눈동자도 흐릿해졌지요. 어머니는 쓴 것이 입맛을 돌아오게 하는 명약이라며 봄 들판의 약초를 뜯어다 액즙을 만들어 주었습니다. 입안에 머금고 있다가 기어코 뱉어버리는 동생과 달리 나는 그 맛을 즐겼습니다. 쑥물을 제일 많이 먹었습니다. 밥공기 반쯤 되는 그것을 마시고 나면 입안에 넣어주던 환한 박하사탕 맛을 지금도 생생이 기억합니다. 어린 시절의 봄맞이는 그렇게 시작되곤 했습니다. 그맘때면 우리 집 푸른 나무 대문에 '입춘대길'이 조붓하게 걸렸었지요.

설을 쇠고 나면 뒤란에 높이 쌓였던 연탄들이 눈에 뜨이게 확 줄어들지요. 흙벽에 꺼먼 그물 자국들만 남긴 채 말입니다. 김칫독도 두세 개 비워 물을 가득 채웁니다. 밥상에는 고들빼기김치와 함께 씀바귀나물, 냉이된장국이 오르는 시기입니다.

겨울 동안 움츠린 몸을 녹여주는 약선 음식을 만들기 위해 어머니는 언덕 너머 들녘으로 나물을 캐러 갔습니다. 어머니 꽁무니만 졸졸 따라다니는 유아적 성향을 버리지 못한 나는 나물바구니 한 쪽을 잡고 기어코 따라갔지요. 어머니는 언 땅을 뚫고 나온 씀바귀 여린 싹을 보며 힘이 장사라며 대견하게 여겼습니다. 제 몸을 찢어가며 땅 위로 불쑥 솟아올랐으니 어찌 쓰지 않겠냐며 안쓰러운 마음에 쓰다듬기도 했습니다. 우리 동네에선 씀바귀를 쓴냉이 또는 쓴나물이라 했습니다. 쓴맛을 한층 부각시키려고 좀 센 발음인 씬냉이로 불렀답니다.

심심해진 나는 삐죽이 올라온 갖가지 풀을 뜯어 어머니 눈앞에 들이댑니다. 이건 이름이 뭐야, 저건 뭐라고 불러? 그건 나실나실 나시랭이, 이건 아롱다롱 달롱개, 아이고 애시럽게 작은 눈꼽쟁이, 깨갱깨갱 깽깽이풀. 돌 아래 있으면 돌나물, 바위에 붙은 것은 바위취, 담뿍담뿍 모여 있으면 담뿍쑥. 노래하듯 풀들의 이름을 불러줍니다. 나도 풀들에게 이름을 선사합니다. 잎이 반달을 닮은 달님이, 뾰족하게 치켜든 것은 토끼귀, 찔리면 아픈 가시풀, 별꽃나물, 조개나물, 가락지풀 등 내 맘대로 지은 근사한 이름들을 붙여줍니다. 그날은 빠끔히 열린 우리 집 대문 사이로 내가 이름 붙인 풀들이 그득히 들어오던 걸요.

밥상에 올라온 씀바귀나물은 입맛을 확 깨웠습니다. 온 식구가 쌉싸래하고 달큰한 맛에 흠뻑 취했지요. 어머니는 내 밥숟가락에 된장 넣고 참기름에 조물조물 무친 나물을 듬뿍 얹어 주었습니다. 유난히 더위를 많이 타 여름나기를 어려워하는 딸에게는 씀바귀만 한 특효약이 없다고 믿었지요. 초고추장 양념에 무쳐먹는 생채도 깔끔하게 쓴맛이 일품이었지요.

나도 봄맞이를 하려고요. 나물바구니 대신 반짇고리와 함께 색색의 실이 든 통을 꺼냅니다. 흰 무명천에 씀바귀를 피워보려고 합니다. 노란 실로 한 땀을 뜹니다. 봄의 수런거림이 들립니다.

2. 두 땀

그녀의 이름은 달님이었습니다. 내게 보낸 편지 끝에도 〈Moon〉이라고 열심히 밝혔지요. 모든 소지품에도 어김없이 그 이름이 화인처럼 꾹 찍혀 있었답니다. 달님처럼 희멀끔한 얼굴도 아니고 달빛처럼 은근하지도 않은데 굳이 강조하는 것이 우습기도 했습니다. 팔다리가 쭉쭉 길고 눈빛이 형형하여 차라리 태양이 어울리는 데도 제 성이 문씨라는 이유로 그렇게 불리기를 원했습니다.

고등학교 입학식 날 만난 그녀는 수수하니 어여쁜 소녀였습니다. 순박함을 풀풀 풍기는 그 애랑 짝이 되어 마냥 좋았습니다. 우리 집 담장 아래 오종종하게 피어난 노란 씀바귀 꽃 같았지요. 어머니께 꾸중을 듣고는 괜스레 발로 툭툭 차면, 사뿐 넘어졌다가 의연히 일어나 노란 웃음을 흘리며 '그래, 네 맘 다 안다.' 그렇게 말해 주던 그 꽃 말입니다. 땅 위를 다부지게 포복하여 다음해는 제 종족을 늘려 더 많은 꽃을 피웠지요. 시내 중학교에서 진학한 아이들은 시골에서 온 그녀를 처음엔 무시했습니다. 그런데 달이 가고 해가 바뀌면서 그녀는 어렵잖게 상위권으로 진입을 했고 어느새 똑똑하고 공부 잘하는 학생으로 자리매김을 했습니다. 다부진 씀바귀와 다를 바 없었지요.

바른말 잘하고 소신을 굽히지 않는 그러니까 보통의 우리와는 달라도 한참 다른 친구였습니다. 공부시간에도 제 주장을 똑 부러지게 하는 바람에 선생님들 사이에서도 주목받는 인물이었지요. 그녀와 반대로 모든 일이 시쁘고 사람과의 관계 맺기에도 무관심하며 치열하게 공부도 하지 않는 나를 친구들은 맹물이라 불렀습니다. 사실 그녀가 용기 있게 쓴소리를 하면 답답하게 맹꽁이 짓이나 하는 내 가슴이 뻥 뚫려 시원하더군요. 책의 속표지에 박힌 〈Moon〉이란 이름 옆에다 나는 슬쩍 가시 돋은 엉겅퀴꽃을 그려 놓곤 했습니다.

그녀의 씩씩함은 대학에 가서 진가를 발휘했습니다. 전국 학보사 기자모임이 있었습니다. 대학 학보에 대한 시대적 사명감을 토론하는 자리에서 쓴소리를 확확 뱉어내는 바람에 분위기를 휘저어 놓고 말았습니다. 틀린 말은 하나도 없었지만 선배들에게 미운 털이 박혀버렸지요. 그날 이후 친구의 별명은 '쓴나물'이 되었습니다. 그러다 발음하기 귀찮아 그냥 '씬물'이라 불렀습니다. 달이라는 이름을 떼어내고 씀바귀가 된 것이지요. 수십 년 습관처럼 그렇게 불렀습니다. 슬며시 미안한 마음이 일어나기에 씀바귀를 예쁘게 수놓아 보내기로 했습니다.

한 땀 한 땀 놓다보니 노란 꽃이 여러 송이 피었습니다. 연초록 잎도 눈부십니다. 잎 가장자리의 작은 톱니 모양이 아무래도 마음에 걸립니다. 아직 내 수놓기는 초보에 머물러 있습니다. 울적한 날 가만히 들여다보면 어릿어릿 노랑나비 같았던 그 꽃을 닮지 않아 고개를 갸웃거립니다. 쓴 약초를 듬뿍 먹고도 세상을 향해 쓴소리 한번 못해 보았기에 내 꽃 자수는 선명하지 않습니다. 뭉툭 마음마저 닮아서 잎도 자꾸 넓어지네요.

나이 들어가는 친구도 쓴물이 아니었습니다. 단물이 조금씩 스며들면서 관점도 바뀌었으니까요. 뾰족한 가시가 어느 틈에 밋밋하게 변했습니다. 섭섭하고 또 애틋하기도 합니다. 그녀가 호호 할머니가 되어도 자신을 굽히지 않기를 바랐거든요.

하긴 꽃이든 잎이든 좀 둥글몽수레하면 어떤가요. 어머니의 나물바구니에 담긴 어린 씀바귀도 모양이 조금씩 달랐답니다.

3. 서너 땀

게으름을 피우다 형님께 전화를 했습니다. 밭둑에 봄나물이 올라왔느냐고요.

"그럼, 우수 경칩 지난 지가 언젠데. 겨울이 무척 따뜻하더니 나물도 지난해보다 열흘이나 빨리 얼굴을 선보이더라."

형님의 목소리에 찰랑한 햇살 한 줌이 묻어났습니다. 서둘러 오라고 당부를 했습니다. 그 말을 들으니 갑자기 들깨 넣은 쑥국이 간절해져 시골로 갔습니다. 동네에 들어서자 밭둑에 앉은 형님의 뒷모습이 희끗하게 보였습니다. 하마 내가 올 것을 알고 나물바구니를 채우려고 아침부터 나왔나 봅니다. 형님과 어깨를 나란히 하고 흙냄새를 맡으며 종일 봄나물을 캤습니다.

봄을 푸지게 안고 돌아왔습니다. 손맛 좋기로 소문난 형님이 담근 씀바귀 물김치와 작년에 찌고 말려서 만든 씀바귀 가루도 덜렁 받아 왔습니다. 냉이랑 쑥도 덤으로 따라왔지요. 나물은 물론이고 바싹하게 튀김도 했습니다. 아, 씀바귀 가루요? 빵을 만들었지요. 씀바귀 빵이라고 먹어보셨나요. 검은 초록빛이 도는 이 빵이야말로 땅속에서 제 몸을 찢고 나온 약초의

참맛입니다. 쓴맛의 진수라고 해 두지요. 혀에 착 감기는 맛은 아니지만 몸에는 그지없이 좋답니다. 씀바귀의 실팍한 뿌리로 담근 물김치는 담백합니다. 최소한의 양념만 들어갔지요. 형님의 비법을 전수 받아 나도 꼭 담가보려고 합니다.

밭 가장자리를 날던 종다리가 솟구칠 때쯤 씀바귀는 목을 쭉 빼 올리고 조그마한 꽃을 열심히 피우겠지요. 보송한 털을 잎자루에 매달고서 말입니다. 그러다 씨앗이 여물면 갓털 입은 작은 씨앗은 날아가 산 아래 기울어진 듯 엎디어 있는, 백발의 할머니가 사는 마당의 울밑에 날아가 저도 집을 짓겠지요. 친구에게 보낼 차 받침 한쪽 모서리에도 잘게 크로스 스티치를 놓아 갓털 입은 작은 씨앗을 만들었습니다. 우린 그렇게 날고 싶어 했으니까요. 이 나이에도 자유는 그리운 것인가 봅니다.

아, 형님께는 가슴에 엉겅퀴 브로치를 달아주고 왔습니다. 작고 여린 꽃이 아니라 우뚝하고 큰 꽃 한 송이를 선물하고 싶었습니다. 시시하게 보이지 않게 땀도 좀 길게 했습니다. 잎을 수놓을 때는 톱니와 가시를 제대로 표현해 보려고 애를 썼습니다. 씀바귀물김치를 먹으니 봄을 향해 앞으로 내딛는 느낌이 납니다. 꽃 자수를 놓는 손도 훨씬 날렵해졌습니다. 서너 땀씩 죽죽 앞으로 나갑니다. 확실히 쓴 것은 약이 되나 봅니다.

4. 다섯 땀

내가 아끼는 자수 책인 사쿠라이 가즈에의 『들꽃 자수』를 한참이나 들여다봅니다. 자연을 그대로 담아내었군요. 살아 있는 듯한 표현이 놀랍습니다. 뿌리까지 섬세하게 수놓은 그녀의 야생화는 식물도감을 보는 것 같습니다. 싱그러운 바람 한줄기가 얼굴을 스칩니다. 한 포기 풀이 가지는 따스함과 생명력, 투명한 아름다움은 나를 아뜩하게 합니다. 도대체 내가 쥔 바늘로는 흉내를 낼 수도 없습니다.

동생이 들꽃 자수를 배워보자고 했을 때 선뜻 응했습니다. 노안으로 눈이 침침했지만 자신감은 있었습니다. 풀꽃이라면 나는 질리도록 들여다보았고 꽃잎 하나하나를 세어 보는 것이 취미였으니까요. 눈을 감고도 잎맥을 그려 내던 시절이 있었답니다.

첫 발령을 받고 찾아 간 곳은 들판 가운데 섬처럼 오도카니 있는 시골학교였습니다. 동네도 없었지요. '나 홀로 학교'란 팻말이 딱 어울리는 곳이었습니다. 유배가 따로 없었답니다. 그곳에서 할 수 있는 일은 그다지 없었지요. 매일 벌판을 헤매고 다녔습니다. 반 아이들이랑 쑥을 캐고 식물채집을 했으며 들판 곳곳에 살고 있는 온갖 곤충을 관찰했습니다. 가을에는 메뚜기를 잡아 수학 여행비를 마련했었지요.

봄이 무르익자 학교를 둘러싼 논에 자운영이 만발했습니다.

그렇게 많은 꽃은 처음이었지요. 이름 그대로 자줏빛 구름이 하늘이 아닌 땅에 질펀했습니다. 알고 보니 농부들이 일부러 심었더군요. 모심기 철이 되면 자운영을 갈아엎었습니다. 자운영이 밑거름이 되어 좋은 흙을 선물해 준답니다. 그러니까 천연비료인 셈이지요. 날마다 해가 꼴깍 넘어갈 때까지 자운영 밭에서 살았습니다.

모내기가 끝나면 밭둑이며 언덕에 둥근이질풀이 가득했습니다. 연한 홍색을 띤 꽃은 군락을 이루며 살더군요. 학교 탱자나무 울타리 사이로는 괭이밥이 노란색 꽃을 피웠지요. 그리고 빈터 어디에나 뿌리를 내리는 달개비를 아이들은 잉크꽃이라 했습니다. 푸른빛이었으니까요. 연한 하늘색 꽃을 달고 있는 꽃마리나 흰개별꽃은 하도 작아 그냥 지나칠 때도 있었답니다. 여름 내내 도랑가 양지쪽에는 고마리와 여뀌가 제 영역을 넓혀 갔습니다. 그들은 모두 내 외로움을 덜어주었지요.

풀꽃들과 친해지면서 식물도감을 끼고 살았습니다. 꽃의 수술과 암술까지도 놓치지 않았지요. 그래서 꽃수는 자신이 있었습니다. 자만심으로 가득 부풀린 채 덜렁 시작을 했지요. 웬걸요. 그게 아니었습니다. 어머니가 시집올 때 가져온 자수용품을 보고 온 동네 사람들이 감탄했다는 그 솜씨를 물려받지 못했습니다. 내 수놓기가 장인인 사꾸라이 가즈에의 발밑에도 좇아갈 수 없다면 그대로 나를 인정하는 수를 놓을 수밖에 없겠지요. 그냥 들꽃과 친해지는 겁니다.

볕이 한층 두터워졌습니다. 곰비임비 봄꽃 소식이 들렸습니다. 부드러운 천은 스카프로, 무명천은 마름질해 다포로 만들고 광목을 잘라 차 받침을 만들었습니다. 그리고 씀바귀 수를 놓았습니다. 뿌리를 실하게 내리고 공그르기로 줄기의 중심을 잡았습니다. 새틴 스티치로 꽃을 피우고 잎도 만들었지요. 쓴냉이 삼종 세트를 친구에게 보냈습니다.

"와, 씀바귀 꽃이 이리 고운 거야. 손재주 굉장하다. 아요, 맹물 너 다시 봤다."

친구가 지나치게 호들갑을 떨었습니다. 씀바귀 꽃이 수놓아진 머플러를 두른 사진을 찍어 보냈더군요. 그리고 덧붙였습니다. 머플러를 두르니 쓴소리 대신 꽃향내가 솔솔 난다고요.

수를 놓는 동안 시간은 더디게 흘렀습니다. 무명천에 씀바귀뿐만 아니라 홀아비바람꽃이랑 제비꽃도 수놓고 봄까치꽃이며 초롱꽃도 땀땀이 꼭꼭 박아서 수를 놓았습니다. 색색의 실들이 제 힘을 발휘했습니다. 청명 곡우 지나고 볕살이 뭉근하게 천지에 퍼집니다.

3.

싸움의 기술

이중섭의 그림 앞에서 싸움의 기술을 배운다. '싸우지 않는 것이 이기는 것'이라고 싸움의 고수인 영웅도 말한다. 그러나 투계 한 마리를 키우기로 했다. 마음의 울타리를 치고서. 그건 목계가 절대 될 수 없는 나 자신이 무력감에 빠질까 두려워서이다.

지도 읽기

터키에서 만난 27살의 미야와 나는 이야기가 척척 맞아 떨어졌다. 에게 해가 보이는 벤치에 앉아 우리는 인도의 오래된 도시 바라나시에 대해 열심히 떠들었다. 내 나이를 잊고 그녀랑 친구처럼 "맞아 맞아, 그래 그래."를 연발하며 열을 올렸다.

바라나시에서 한 달을 머물렀다는 그녀와 연이어 두 번이나 새해의 첫날을 바라나시에서 맞이했던 나는 동지가 되었다. 전문 여행자인 그녀와 방랑벽이 심한 나는 그 자리에서 인도의 남부를 같이 여행하자고 결의를 했다.

크레타섬이 멀지 않은 그곳에서 ≪그리스인 조르바≫와 작가 니코스 카잔차키스를 극찬하며 그 섬에도 꼭 가야 한다고 여행의 갈증을 드러냈다. 그녀는 얼른 지도를 꺼냈다. 그리고 '지도 읽기'는 자기가 전문가라며 에게 해 바다에 떠 있는 크레타 섬을 펼쳐 보였다.

'지도 읽기'란 내가 즐겨 쓰는 말이다. 지도 보기가 아니라 항상 지도 읽기라고 말한다. 지도는 읽어야만 제대로 맛이 나기 때문이다. 그녀가 '지도 읽기' 라고 말해 나는 얼른 손을 잡아주었다. 미야는 소설이나 역사책을 읽듯이 지도를 읽어가는 재미가 여간이 아니라고 했다.

터키 역사를 누에가 실을 뽑아내듯 술술 풀어내던 그녀다. 그녀를 떠돌게 한 원인이 바로 지도 읽기임을 단번에 알 수 있었다. 나 또한 지도 읽기는 소설보다 훨씬 재미있고 흥미진진했다.

초등학교 4학년 때 사회과 부도를 처음 대할 때의 묘한 떨림을 아직도 기억하고 있다. 교실에 붙어있던 우리나라 전도나 세계지도가 내 관심의 전부였던 시절에 사회과 부도를 펼치는 건 크나큰 기쁨이었다. ≪80일간의 세계일주≫, ≪15소년 표류기≫보다 흥미진진한 이야기가 그 속에 숨어 있었다.

지도를 펼쳐 파랗게 칠해진 넓은 바다와 그 위에 떠있는 섬들을 읽었다. 진한 갈색으로 솟아있는 산맥들, 사막과 긴 강을 숨은그림찾기 하듯이 아껴가며 읽었다. 평면 위에 펼쳐진 무수한 도시들을 옮겨 다니면서 미지의 세계를 탐험했다. 그때부터 세계여행을 꿈꾸었다. 그 시절, 세계여행은 요원한 것이었지만 불가능하다고는 생각하지 않았다. 내 꿈을 믿고 싶었다.

학교로 가는 길에 화교 학교가 있었다. 그곳에서 가끔 중국 아이들을 만나곤 했다. 중국이란 나라가 세계지도에서 턱없이 넓은 땅을 차지하고 있어 약간은 주눅이 들었다. 그 중국 땅에 별표를 두 개나 쳤다. 별표는 꼭 가보고 싶은 나라에 순위를 정하는 나만의 표시였다.

동네 입구에는 넓은 정원을 가진 호주 선교사 집이 있었다. 높은 담과 우람한 철대문으로 자동차까지 드나드는 그 집은 우리에게 비밀을 풍기는 곳이었다. 그 집에는 유치원을 다니는 작은 여자아이도 있었다. 호주란 나라가 태평양에 있는 엄청나게 큰 섬나라로 오스트레일리아라는 국명임을 알고 아이들에게 지도를 펴서 보여주었다. 물론 별을 여러 개 그려 넣기도 했다.

하교하는 길에 옥봉성당을 들르곤 했다. 천주교 신자인 친구와 키가 작은 이태리 신부님은 절친한 사이였다. 신부님은 우리에게도 아주 친절하셨다. 목소리가 맑고 성량이 풍부한 신부님은 성당 앞 둑길을 걸으며 멋진 노래를 부르곤 했다. 〈돌아오라 소렌토로〉같은 칸초네를 부르면 우리도 몇 소절씩 따라 불렀다. 나는 길쭉한 이탈리아반도에 별표를 여러 개 했다.

5학년이 끝나갈 무렵, 키가 크고 아주 예쁜 정애가 전학을 왔다. 그 애랑 짝이 되었다. 뒤벼리 고아원이 집이었는데 큰아버지가 고아원 원장이었다. 가끔 정애를 따라 고아원에 가면 달콤한 초콜릿이나 비스킷을 먹을 수 있었다.

정애는 보통 아이들과는 다르게 세련된 옷을 입고 다녔다. 한 번도 구경한 적이 없는 실크 스타킹도 신고 시계도 있었다. 미제라고 자랑을 했다. 우리가 의심하는 눈치라도 보이면 선명하게 찍힌 'U. S. A' 글자를 찾아 보여 주었다. 정애가 자꾸 그런 물건을 보여주자 미국 땅에 표시했던 별표를 미련 없이 지워버린 기억도 있다.

초등학교 때, 제일 재미있는 시간도 세계의 여러 나라에 대해 배울 때였다. 본격적으로 내 꿈이 희망으로 이어지는 시기이기도 했다. 별표는 점점 늘어났다. 슈바이처 전기를 읽은 후에는 중앙아프리카에 수많은 별을 그려 넣기도 했다.

내 지도 읽기는 점점 집착으로 변해가고 마침내 사회과 부도가 너덜너덜하게 변하고 말았다. 그때 새로운 발견을 했다. 우리 집에 하숙하던 고등학생 언니는 나랑 같은 방을 썼다. 언니의 책꽂이에서 두툼한 사회과 부도를 발견했다. 그건 초등학생 사회과 부도보다 훨씬 자세하게 나타나 있었다. 언니 몰래 슬쩍슬쩍 꺼내 보는 재미가 여간이 아니었다. 처음엔 조심을 했지만 나도 모르게 별표도 하고 비밀문서를 꾸미듯 덧말을 까맣게 써넣어 책을 버려놓았다. 언니에게 들켜 혼날 줄 알았는데 한 번도 꾸중을 하지 않아 더욱 미안하고 난감했었다.

지금 아이들이야 나처럼 지도 읽기가 흥미롭지 않을 수도 있다. 세계 여러 나라를 가보지 않아도 방송이나 다른 매체를 통해 매일 접한다. 게다가 수많은 아이들이 해외로 나가고 있다. 남의 나라 가는 것을 제 나라 여행하는 것보다 더 쉽게 생각하고 있다. 미야의 지도 읽기가 그러하듯 내게 지도 읽기는 방랑벽을 키워주었다.

요즈음 코카서스 산맥과 카스피 해 연안의 아르마니아, 아제르바이잔, 그루지야를 읽어 가는 재미에 빠져있다. 이 나이에 아제르바이잔의 수도 '바쿠'에 큰 '☆'을 그려 넣는다.

피아노

– 친절한 피아니스트

교향곡을 방불케 하는 풍부한 악상이 한동안 건반 위에서 펼쳐졌다. 피아니스트 백혜선의 왼손이 베이스로 한없이 내려가다 짧게 마지막 음을 눌러 주었다. 그녀는 가볍게 일어섰다. 관객들의 우레와 같은 박수 소리가 들리는가 싶더니 환청처럼 점점 멀어졌다. 내 몸에서 기운이 쭉 빠져 버렸다. 그리고 가슴이 먹먹해지더니 눈물이 주르륵 났다. 그렇게 리스트의 〈피아노소나타 b단조〉가 끝났다.

웅장함이 진수인 교향곡도 아니고 협주곡도 아닌 피아노 독주곡을 듣고 눈물을 흘렸다. 별일이다 싶어 스스로도 당황해서 박수조차 치지 못했다. 순전히 친절한 피아니스트 덕분이었다. 곡이 시작되기 전, 화려한 기교에 난해하기까지 한 이

어려운 곡을 인생에 비유해서 해설을 했다. 그리고 가장 위대한 피아니스트였고 작곡가인 리스트의 천재적 재능을 이야기했다. 리스트와 그녀 그리고 우리의 유한한 생을 이 곡을 통해 조심스럽게 시사했던 것이다.

연주회에 가기 전, 리스트의 〈피아노소나타 b단조〉를 블라디미르 호로비츠가 연주한 명반을 통해 여러 차례 들었다. 음대로 진학한 제자가 선물해준 이 곡을 틀어두고 지루하다는 생각을 많이 했기 때문에 걱정이 앞섰다. 그건 지나친 기우에 불과했다. 세계적인 피아니스트 백혜선의 해설로 '열려라 참깨'처럼 거침없이 귀가 뚫렸다. 귀가 열림과 동시에 세상의 모든 유혹으로부터 구원받을 수 있을 것 같은 예감이 들었다.

춤을 추는 듯 부드럽게 피아노 위를 오가는 흰 손, 그러다 튀어 오르는 손가락의 힘이 내게 전해 왔다. 양손이 옥타브로만 빠르게 진행되는 곳에선 가벼운 한숨마저 나왔다. 30분을 한 음도 쉬지 않고 악장도 구별 없이 진행되는 곡은 연주자도 집중력을 요하지만 나처럼 아마추어 감상자들도 부담이 되긴 마찬가지였다. 그러나 연주회장 안은 달랐다. 보이지 않지만 끈끈한 유대감으로 묶여 피아니스트와 관객의 호흡이 착 맞아떨어지고 있었으니, 그것은 모두의 육체 저 깊숙한 곳에 내장된 그리움의 코드에 소리가 가 닿았음이다.

나는 리듬 저편에서 생생히 살아나는 한 영혼을 훔쳐보았다.

리스트, 그 남자의 화려한 날들 뒤편에 숨은 인간적 고뇌까지 들여다보느라 그 긴 곡이 오히려 짧게 느껴졌다. 리스트의 전기 작가 페터 라베는 이 〈피아노소나타〉가 '성공과 실패, 사랑과 증오로 얼룩진 리스트의 자서전'이라고 했다. 지식과 권력을 위해 영혼을 팔아버린 독일의 마법사 파우스트처럼 이 곡은 선과 악을 넘나드는 양면성을 보여준다. 그래서 '파우스트 소나타'라는 별명까지 붙어있다. 리스트나 파우스트뿐인가. 현대인들도 물질문명이란 것에 영혼을 팔고 있는 것은 아닌가.

피아니스트의 손끝에선 온몸을 휘감는 어둠의 요소가 마구 뿜어져 나오는가 하면 마치 천국처럼 편안해지는 멜로디가 이어졌다. 욕망에 빠져 허우적거리지만 내 안에 잠재한 선을 건져 올리길, 그리하여 구원받기를 염원하는 것은 모든 이의 어쩔 수 없는 소망이다. 나 또한 살아오면서 내 안에서 일어나는 악마적인 것들을 숨기기 위해 선을 앞세워 알게 모르게 사람들을 기만했다. 송곳처럼 날이 서는 것을 애써 참으며 웃는 얼굴로 손도 잡았다. 솔직하지 못해 밋밋하게 인생을 살아올 수밖에 없었다. 밋밋한 삶에 대하여 항거라도 하듯이 나는 폭풍 같은 요소가 담긴 음악에 조금씩 쏠리기 시작했다. 언제부턴가 담백한 피아노곡이 싱거워졌다. 그러나 지금 리스트의 곡은 확실히 다르다. 곡은 막바지에 이르렀다. 천상처럼 느껴지는 신비한 화성으로 끝을 맺었다. 파우스트가 천사들로 하여

금 끝내 구원을 받아 천상으로 올라가듯이.

리스트는 수많은 염문설과 함께 최고의 피아니스트로 인정을 받으며 한 시대를 풍미했다. 뛰어난 외모와 세련된 매너를 갖춘 그는 당시 대중들에게 슈퍼스타였다. 그래서 세상살이에 거침이 없었다. 하지만 파란만장한 여성 편력을 마감하고 말년에 수도승이 되었다. 이 곡에서 보여주고자 했던 것도 그의 생과 다름이 없었다. 강약과 완급, 밝음과 어둠이 팽팽한 구조로 맞물려 한순간도 긴장을 늦출 수 없게 만드는 이 곡을 통해 한 편의 드라마를 보았다.

온몸을 던지는 사랑이나 증오도 외면했었다. 성공과 실패도 항상 남의 일이었다. 한순간도 치열하게 살지 못했다. 그러니 내적 성찰인들 있었겠는가. 리스트의 〈피아노 소나타b단조〉는 그런 나를 위로했다. 적어도 그 순간은 뜨거웠다. 그걸 주체하지 못하고 눈물을 쏟아내고 말았다.

– 지옥당에는 염라대왕이 살았다

'피아노를 아는 것은 우주를 아는 것이다.' 오래전 대학 신입생 시절, 기악과 교수님이 수시로 하신 말씀이었다.

러셀 셔먼의 ≪피아노 이야기≫를 읽었는데 그 속에 나온 첫 문장이었다. 책 속에서도 피아노를 마스터하려면 먼저 우주를 마스터해야 한다는 심오한 말이 들어있어 잠시 그 검은 소리 상자가 아주 멀어 보였다. 우주를 안다는 것이 어디 쉬운 일인가 말이다.

신입생이 되어 두툼한 오르간 교본을 들고 학교의 제일 으슥한 곳에 있는 기악당으로 테스트를 받으러 다녔다. 키 큰 나무 사이에 있는 건물은 낮에도 햇볕이 들지 않아 음산한 기운이 서린 곳이었다. 졸업을 하려면 책 한 권을 다 통과해야 하는데 모두들 그 길이 천릿길처럼 멀다고 했다. 아니 저승길이라고 모두 죽을상을 하고 오갔다. 오르간의 건반을 한 번도 눌러보지 않고 입학한 남자들은 더욱 그랬다. 게다가 원칙과 완벽함을 고수하는 기악과 교수님에게 곡 하나를 통과하기란 지난한 어려움의 연속이었다. 그러다보니 자연스레 선배들로부터 불리어 내려오는 것이 기악당은 지옥당으로 교수님은 염라대왕이었다.

완벽하게 연습을 해도 선생님 앞에만 가면 떨려서 연주가 제대로 되지 않았다. 입학할 때 실기 시험으로 피아노를 선택한 소수의 학생들은 오르간 교본 외에도 짧은 피아노곡이 몇 곡씩 과제로 주어졌다. 나 또한 입학 때 피아노를 친 것이 화근이 되어 염라대왕 앞에서 남보다 배로 몸을 떨어야 했다. 선생님이 지켜보는 피아노 앞에만 앉으면 저절로 목이 움츠러들고 손가락은 굳어졌다.

틀릴 때마다 손등을 볼펜 끝으로 사정없이 내려쳤다. 반음을 올려 검은 건반을 짚어야 할 자리에 나도 모르게 흰 건반을 짚고 말아 불합격이 되었는데 그 다음에도 또 그 부분이 틀렸다. 검은 건반으로 옮겨가던 손이 거짓말처럼 흰 건반을 짚고 말았다. 선생님은 큰 눈을 치켜뜨고 똑같은 실수를 되풀이하는 내게 불같이 화를 내셨다. 그 반음 차이로 곡이 완전히 달라짐을 강조하며 흑과 백의 차이는 극복하기 어려운 것이라고 하셨다. 조화를 이루며 잘 흘러가는 곡을 끊는 것은 죄악이라는 말에 놀라 혼자 구석에서 울기도 했다. 염라대왕으로 불리던 선생님은 피아노를 치는 것도 사람 사는 일과 다르지 않음을 강조하셨던 것이다. 연습을 게을리하고 놀 곳을 찾아다니는 철부지 신입생들에게 준엄한 심판자임에 틀림없었다.

나는 피아노 치는 일에 한계를 느꼈다. 소질도 없을뿐더러 카덴차나 안단테 같은 곡 해석을 제대로 하지 못했다. 입학 때, 어설픈 실력으로 피아노를 선택한 것을 매일 후회했다. 무엇보다 다른 데 관심을 쏟느라 일찌감치 선생님의 기대를 저버리고 말았다. 도서관에서 두꺼운 책을 뒤적이거나 영화감상 동아리에 빠져 연습실과도 점점 거리가 멀어졌다. 오르간 교본의 반주법 정도만 치는 수준으로 전락하자 선생님도 더 이상 볼펜으로 내 손등을 내리치지 않으셨다.

일 학년이 끝나고 새 학기가 시작되자 선생님은 다른 학교로 가셨다. 지옥당도 염라대왕도 없어 화평할 것 같았는데 이상하게 외롭고 쓸쓸해서 한동안 기악당 근처엔 가지 않았다. 예술적 재능이 없어 선생님 앞에서 제대로 된 피아노 연주를 못한 것이 두고두고 후회가 되었다. 우리가 지옥당으로 불렀던 기악당은 숲 속에 싸여 바람 소리 새소리가 그치지 않는 곳이었다. 선생님은 생명이 깃드는 그 자리를 오래 지키고 있었기에 항상 마음을 열고 계셨던 것이다. 우리들의 오르간 교본에 수없이 합격 사인이 들어 있어 그것을 증명해 주었다. 노력 없이 되는 일이 없음을 강조하며 피아노 위에 인생의 밑그림을 그려주시던 선생님이 계셨기에 피아노 치는 사람이 못 되어도 듣고 즐기며 가깝게 살아 왔다. 내 손등을 내리치던 볼펜은 어설프게 내 딛는 세상살이에 대한 우려를 넌지시 일깨워 주는 채찍이었다.

'피아노를 아는 것은 우주를 아는 것이다.' 러셀 셔먼의 말이다. 아니 우리의 염라대왕님이 하신 이 말에 전적으로 공감한다. 왜냐하면 나는 피아노곡을 들을 때 우주를 안은 것처럼 기쁨에 들떠 있으니까.

– 친구

'피아노 치는 남자'

아침에 음악 방송을 진행하는 피아니스트는 그렇게 자신을 소개한다. 그 말 때문인지 진행자의 목소리가 자꾸 피아노 소리로 들린다. 언젠가 꽁지머리의 그 남자를 화면으로 본 적이 있다. 피아노 앞에 앉은 모습이 어찌나 평화롭게 보이던지 단박에 그의 팬이 되었다.

아침마다 '피아노 치는 남자'의 목소리를 들으면 중학교 입학하던 날이 꼭 떠오른다. 피아노와 첫 대면을 한 날이기도 하다. 학교 여기저기를 기웃거리다 음악실에 들어가 피아노 건반을 눌러 보았다. 난생처음으로 듣는 미묘한 소리였다. 그날 이후 수업을 마치면 두근거리는 가슴으로 음악실에 숨어들었다. 오른손으로 더듬거리며 멜로디만 쳤던 〈사우〉, 〈들장미〉, 〈즐거운 나의 집〉 같은 곡을 들으면 아직도 설렌다. 언감생심 피아니스트 같은 것은 꿈조차 꾸지 않았지만 한 번만이라도 피아노를 멋지게 연주해 보는 것이 소원이 되어 버렸다.

잘하는 것이 아무것도 없다고 어머니는 나를 돌려 세우고 혀를 끌끌 차셨다. 아주 어릴 적부터였다. 창의력이 전무한데다 설령 그것이 내 안의 어딘가에 숨어 있더라도 깨워 일으킬 줄도 모르는 좀 모자란 아이였다. 무엇보다 아버지의 박봉으로 겨우 꾸려가는 살림에 특별한 것을 원한다는 것 자체가 그 시절 우리 남매들의 금기사항이기도 했다. 그러니 피아노가 가당키나 한가 싶어 내 소원은 누구에게도 들키고 싶지 않은 비밀이었다.

고등학교에 입학하면서 피아노에 대한 짝사랑은 끝이 났다.

미숙이랑 운 좋게 같은 반이 되면서 피아노는 꿈이 아니라 현실이 되었다. 아버지가 피아니스트였고 미숙이도 수많은 피아노 경연대회에서 입상한, 그러니까 예비 피아니스트였다. 그녀는 나뿐만 아니라 전교생의 우상이었다. 그녀가 피아노 건반 위에서 자유자재로 구사해내는 곡들은 한창 푸릇한 여고생들에게 풍부한 감성을 불어넣었다.

미숙이 때문에 나는 합창반이 되었다. 반주를 맡게 된 그녀와 함께 있을 수 있는 시간이 내겐 꼭 필요했다. 합창연습을 하다 쉬는 시간이면 미숙이를 졸랐다. 덕분에 모차르트의 피아노 소나타, 슈베르트의 피아노 소나타 같은 곡도 조금씩 익숙해졌다. 합창반 아이들이 좋아하는 팝송이나 애절한 가요도 빠지지 않았다. 관심 없이 지나치던 곡도 새롭게 다가왔다. 내가 아는 한 그녀는 피아노의 천재였다.

학교 행사가 있을 때면 드넓은 강당 안에 어김없이 피아노 선율이 흘렀고 전교생이 푹 빠져들었다. 그런데 자신의 재능만 믿고 공부에 게을렀던 미숙이는 음대로 진학했지만 두각을 나타내지 못했다. 세계적인 피아니스트로 키우려 했던 그녀의 아버지는 풍문에 딸을 내쳤다고도 했다. 하지만 내겐 피아노라는 거대한 벽을 넘는 데 지대한 공헌을 했고 음악의 바다를 헤엄치게 한 최초의 안내자였다.

미숙이가 가까운 곳에 있었다면 나와 좀 떨어진 곳에서 피아노 공부를 한 친구가 있었다. 순옥이었다. 얌전하여 들꽃 같기만 한 아이였는데 피아노 전공을 선택했을 때 좀 놀랐다. 집안끼리도 알고 지내는 사이지만 말이 없는 순옥이나 쉽게 마음을 열지 못하는 내가 서먹하게 지냈기에 그녀의 피아노 실력을 알 수 없었다.

반 아이들에게 합창곡을 지도하다가 어설픈 반주 때문에 어려움을 겪었다. 그래서 순옥이를 찾아갔는데 뜻밖에 그녀의 훌륭한 연주를 들을 수 있었다. 여린 몸매에 희고 가는 손가락에서 어떻게 그런 힘이 뿜어져 나오는지 무척 놀랐다. 그날, 빠르고 탄력 있는 템포의 곡은 나만을 위한 멋진 리사이틀이 되고 말았다. 여고시절에는 미숙이에게 가려 솜씨를 발휘할 기회가 주어지지 않았지만 알고 보니 숨은 피아니스트였다.

나는 순옥이네를 수시로 드나들었다. 반주법을 배운다는 그럴듯한 이유였지만 사실은 그녀 가까이서 같이 호흡하며 피아노곡을 듣는 것이 목적이었다. 그녀가 치는 피아노 명곡들을 녹음해서 아이들에게 들려주는 감상용으로도 사용했다. 모차르트의 피아노 독주곡인 〈작은 별 주제에 의한 변주곡〉이나 슈만의 〈트로이메라이〉 드뷔시의 〈아라베스크〉 같은 아름다운 곡들이었다. 순옥이와 가까워지자 내 꿈은 피아노를 멋지게 연주하는 것이 아니라 피아니스트 옆집으로 이사 가는 것으로 바뀌었다.

순옥이가 결혼을 해서 멀리 떠나게 되자 처음으로 막막해졌다. 결혼이란 것이 장애가 될 줄이야. 항상 가까이에 있을 줄 알았던 피아노도 함께 멀어졌다. 한동안 살 맛을 잃었다. 미숙이도 순옥이도 떠난 고향을 뒤이어 나도 떠나왔다. 그 이후 피아노곡을 듣기 위해 연주회장를 찾아가는 것으로 위안을 삼고 살았다.

오늘도 아침 햇살을 등에 받으며 '피아노 치는 남자'가 진행하는 방송을 듣는다. 그 남자의 목소리가 자꾸 피아노 소리로 들린다. 그렇다면 피아니스트 옆집으로 이사를 가고 싶은 내 꿈은 아직도 유효한 것이 아닐까.

싸움의 기술

이중섭의 그림 〈투계〉 앞에 서 본다.

작은 화면이 점점 크게 확대되어 보인다. 두 마리의 싸움닭이 사선구도로 배치되어 있어 시선을 확 끌어당긴다. 붉은 벼슬을 바짝 세우고 온몸에 적의를 드러낸 투계 두 마리가 평면구도라면 얼마나 밋밋한가. 날개를 활짝 펼치고 높이 뛰어오르는 놈과 어떤 경우에도 이길 각오가 되어 있는 또 한 놈이 비스듬한 구도에서 더 팽팽한 긴장감을 준다.

붓을 사용하지 않고 나이프로 처리한 스크래치 형식은 격렬함을 강조하고 있다. 그림을 오래 들여다본다. 밑바닥으로부터 갑자기 뭔가 끓어오르기 시작한다. 눈에 기운이 점점 오르더니 충혈된다. 머리카락도 쭈뼛 서는 느낌이다. 그러면서 온몸에 진저리가 쳐진다. 싸움에 대한 원초적 본능이 지나치게 빨리 반응을 보인 것이다.

축제가 한창인 시골장터의 투계장을 빙 둘러 에워싼 사람들은 한껏 고조되어 환호와 탄식을 연발했다. 마치 자신이 싸우는 것처럼. 나 또한 다르지 않았다. 싸움닭이 흙먼지를 일으키며 순식간에 땅을 차고 오르자 나도 모르게 발바닥이 아프도록 땅을 차 버렸다. 상대방을 향해 발톱을 세워 쉬지 않고 공격을 해대느라 몸이 열에 들떴다. 그즈음 매일 피해의식에 사로잡혀 보이지 않는 누군가를 할퀴고 싶어 안달을 했었다. 이중섭의 〈투계〉를 보고 있으니 속내를 감추지 못한 그날처럼 날갯죽지가 근지럽다. 흠칫 놀라 그림 앞에서 슬며시 물러나 전시장의 반대편을 향한다.

태생이 그랬다. 작은 것에도 두려움이 앞섰다. 세상사는 일에 뒷걸음질만 치는 데면데면한 나를 친구는 답답해했다. 직설적인 말도 곧잘 하던 친구 덕분에 내 약점은 여지없이 밝은 햇빛 아래 너덜너덜 드러나곤 했다. 남의 동정심이나 자극하는 태도에 짜증이 났던지 어느 날, 시내와 좀 떨어진 자기 집으로 나를 데려갔다.

친구 집은 농사도 짓고 가축도 길렀는데 싸움닭도 여러 마리 있었다. 일본종인데 "샤모"라고 힘주어 말했다. 미끈하고 늘씬한 다리, 곧게 뻗은 목, 넓고 긴 꼬리는 탄탄했다. 군살 하나 없는 꼿꼿한 몸매를 보는 순간 약간의 흥분이 일었다. 혹 수탉

앞에서도 내가 주눅이 들까 봐 잔뜩 긴장하던 친구가 웃음을 띠며 말했다. 싸움닭이 되어 보라고. 고등학교 1학년 봄이었다.

그해 가을, 싸움닭이 되어 승자가 된 사건이 일어났다. 모두가 수재라고 인정하는 부잣집 외동딸인 K는 항상 목을 꼿꼿하게 세우고 다녔다. 무엇 하나 빠질 것이 없어 우리 반 아이들을 심히 불편하게 했다. 안하무인격인 그녀를 슬슬 피해 다녀도 학교 도서관에서 자주 마주쳤다. 내가 읽는 책 표지를 휙 넘겨보고는 꼭 한마디 했다.

"그거 중학교 수준 아냐." "나는 벌써 읽었는데, 좀 늦지 않니?"

봄부터 나에게 트집거리를 잡던 그녀와 정면 승부가 벌어졌다. 가을소풍에서 닭싸움을 하게 되었는데 상대로 나를 골랐다. 키도 비슷하고 덩치도 거의 같지만 누렇게 뜬 얼굴로 구석자리나 찾아다니는 내가 만만하게 보였을 것이다. 그래도 모래판에서 벌이는 정정당당한 싸움인데 질 수는 없었다. 아, 그런데 그 애의 오뚝한 콧날이 햇빛에 반짝 빛나는 것을 본 순간 다리에 힘이 빠지는 것 같았다. 그때 누군가 "샤모" 하고 외쳤다. 싸움닭이 되어 보라고 내 본능을 자극했던 친구였다. 외다리로 서는 거라면 얼마든지 자신이 있었다. 남보다 긴 목을 쭉 빼고 눈에다 힘을 주고 다가갔다. '샤모'가 되어 날개를 활짝 펴고 잽싸게 날아올랐다. 오만한 그녀를 쪼고 할퀴는 사나운 수탉이 되어 가볍게 승리를 했다.

내 안에 도사리고 있던 응어리를 토해 낸 그 가을 이후, 괜히 어설픈 싸움닭 흉내를 냈다. 어깨에 빵빵하게 바람을 넣고 도서관을 휘젓던 K에게 얼토당토않게 도전의식을 느껴 책상 앞을 떠나지 않았다. 아니 진중함을 잃은 나는 그녀뿐만 아니라 누군가를 뒤에서 끊임없이 노려보곤 했다. 열여섯 그때도 그랬지만 어른이 된 후에도 진정한 싸움의 기술을 몰라 냉혹한 투쟁의 세계에서 지금껏 하수로 살고 있다.

허방다리를 짚고 사는 사람은 의외로 많았다. 결혼하고 처음 살림을 차린 동네 어귀에 작은 슈퍼가 있었다. 뽀얀 얼굴에 입술을 새빨갛게 칠한 가겟집 주인 여자를 모두 '싸움닭'이라고 불렀다. 혼자서 어린 남매를 키우는 젊은 여자였다. 동네 아이들은 군것질거리를 사러 들락거렸고 남자들은 담배와 술을 샀다.

가끔 해 질 녘이면 동네 여자들과 싸움이 붙었다. 그녀는 팔을 걷어붙이고 육두문자로 한바탕 골목이 떠나가도록 악다구니를 썼다. 하나둘 사람들이 모여들면 기세가 더 등등해졌다. 동네 여자들은 웃음이 헤픈 여자를 경계의 대상으로 삼았다. 남편이 있다면 아무도 그 여자와 싸우지 않을 거라는 생각에 항상 연민이 앞섰다. 알고 보면 부족함을 감추려고 바짝 벼슬을 세우는데 사람들은 그걸 참지 못했다. 우리가 세든 주인집 여자도 마찬가지였다. 그 가게에 자주 드나든다고 나를 힐책했다. 담배를 꼭 그곳에서 사야 하느냐고 자기 남편에게 따지기도 했다.

날이 갈수록 여자의 입술은 더 붉어졌고 싸우는 횟수도 잦아졌다. 그러더니 어느 날 홀연히 떠나고 말았다. 골목 안은 조용해졌는데 괜히 서글펐다. 알고 보면 우리가 딛고 사는 이 세상이야말로 싸움판이다. 그녀도 나처럼 보이지 않는 것들을 향해 잔뜩 적대감을 품고 있었으니 어떻게 자신을 이길 수 있었으랴. 싸움에도 기술이 필요하다는 걸 알지 못했던 것이다.

전시장을 이리저리 기웃거리다 이중섭의 〈투계〉앞에 다시 돌아와 선다. 비극적이고 절망적인 삶 속에서 그려진 그림은 극적인 긴장감을 보여준다. 암울한 현실 속에서 정신적 불안을 숨기려고 애쓴 흔적이 역력하다. 저만치 이중섭이 보인다. 어쩌면 그는 장자가 말한 목계지덕木鷄之德을 표현하려고 애쓴 것이 아닐까. 자신의 좌절된 삶을 완전히 숨기고 부드러움 속에 빛나는 광채를 보여주려 했는지도 모른다.

영화 속에서 영웅호걸이었던 또 다른 남자를 그림 속에서 만난다. 얼마 전에 이소룡의 어록을 모은 ≪나를 이기는 싸움의 기술≫이란 책을 읽었다. 철학을 공부한 그 남자의 모든 글귀는 삶의 방식에 대해 치열한 사유를 보여주었다. 그가 떠난

지 37년이 지났는데 살아있던 그때처럼 다가왔다. “나 스스로를 이긴 자가 초강자다” 이 글귀를 읽는 순간 이소룡이 장자가 말한, 부드러움이 강함을 물리친 목계지덕을 갖춘 사람이라는 생각이 들었다.

‘목계’란 나무로 만든 닭이란 뜻이다. 목계처럼 자신의 감정을 통제하여 상대방에게 완전한 모습을 보여줄 때 최고의 투계가 된다고 했다. 이중섭은 최고의 투계를 그리기 위해 오래도록 마음속에 수십 마리의 목계를 새겼을 것이다.

겸손한 척 부드러운 척 남의 눈을 속이고 늘 공격적인 자세로 살아온 것이 부끄럽다. 스스로 상처를 내 피를 철철 흘리던 붉은 입술의 여자도 내 곁에 세운다. 두 마리의 싸움닭은 우리를 완전히 무장해제 시킨다.

이중섭의 그림 앞에서 싸움의 기술을 배운다. ‘싸우지 않는 것이 이기는 것’이라고 싸움의 고수인 영웅도 말한다. 그러나 투계 한 마리를 키우기로 했다. 마음의 울타리를 치고서. 그건 목계가 절대 될 수 없는 나 자신이 무력감에 빠질까 두려워서이다.

나는 밥이다

밥이 무엇이더냐. 젊은 날, 내 어깨에 얹혀있던 무겁거나 또한 가볍거나 한 것. 싫지만 한없이 고마운 것. 혹은 성가신 것이었다. 그러니까 천변만화하는 절대적인 존재였다.

아침마다 서너 개의 도시락을 싸는 것은 기본이었다. 퇴근을 하는 그 순간 오늘은 무얼 먹어야 할지를 길게 고민하던 때였다. 삼시세끼 밥이란 가당치 않은 문제에 해결 실마리를 찾지 못해 머리가 지끈거렸었다. 내 존재가 밥으로만 묶여있던 인생의 수련기였다. 그런데 머리가 희끗해지는 요즈음, 그 밥이 되고 싶어 안달이 났다. 아니, 밥이 되지 못해 바람 빠진 풍선처럼 마음이 쭈글쭈글해지고 있다. 밥의 힘이 약해지면 내 자리가 없어지지 않을까 위기감마저 든다.

"엄마, 밥!"

해가 어스름 넘어가는 시각이면 현관문이 벌컥 열리면서 아들은 밥을 외치곤 했었다. 신발 한 짝이 저만치 나가떨어지고 거실바닥에 선명한 흙 발자국이 찍혔다. 벗어든 신발 속에는 벌레들이 숨죽인 채 엎드려 있었다. 녀석은 오후 내 풀밭에서 뒹굴었을 것이다. 무릎에 풀물이 들었고 이마에는 땀방울이 송골송골 맺혀 가파른 호흡으로 색색거리곤 했었다.

놀 때야 시간 가는 줄 모르다 해거름녘이면 심한 허기를 느끼고 정신없이 달려왔었다. 하긴 종일 밖에서 뛰어노는 아이에게 밥만큼 절실한 것이 어디 있을까? 나는 당연히 밥이었다. 밝음의 속성을 가진 아이는 넘치는 힘을 온몸으로 발산한 후의 다디단 세상을 밥으로 표현했다.

엉덩이를 의자에 붙이는 법이 없고, 발이 땅에 닿지 않아 둥둥 떠 있어 불안해 보였었다. 입은 벌어지고 마음은 끝 간 데 없이 열려있는 초등학생인 아들에게 있어 나는 머슴밥보다 훨씬 높이 올라간 고봉밥이었다. 입에다 엄마를 붙이고 살았고 꽁무니에 달려있는 혹이었으니까.

도시락 두 개를 싸서 현관문을 나서는 고등학생 때부터 아들은 밥을 외치지 않았다. 저녁 늦게 힘없이 돌아왔다. 도시락을 말끔하게 비워오는 것으로 엄마 밥을 대신했다. 한참 먹을 때라 그런지 늦은 밤에도 가끔 간식을 달라고 했다. 하루가 다르게 키가 자라던 때라 도시락만으로 배를 채우기에는 부족했던 것이다. 대신 들판을 쏘다닐 자유를 잃어가면서 신발짝이 훨 날아가는 힘도 잃고 말았다. 그즈음에도 내가 밥으로만 통한다는 사실이 그렇게 명명백백할 수가 없었다. 아들에게 나는 밥밖에 아무것도 아닌듯 했다. 배가 고파야만 생각나는 사람이 엄마라는 사실에 슬그머니 화가 나 서운함을 비쳤다.

"내가 밥으로 보이니?"

아이는 무심히 그러나 아주 당연한 듯 툭하니 내 뱉었다.

"엄마니까."

고봉밥은 못 되어도 아들에게 나는 여전히 한 그릇의 밥이었다. 그렇게 엄마의 밥으로 키가 크고 거뭇하게 수염이 자라고 어깨가 넓어짐을 느낄 수 있었다. 한 그릇의 밥을 배불리 먹고 그 밥의 힘으로 세상을 알아갔다. 가끔 현관에는 항공 모함만 한 남자아이들의 신발이 차고 넘치는 일에도 마음이 뜨끈해지고 눈시울이 젖어왔었다.

나이가 스물을 넘어서고 군대를 다녀온 아들은 집에서 밥 먹는 날이 거의 없어졌다. 밥이 되는 돈을 주게 되었다. 집 밖에는 엄마의 밥을 대신해 배를 채워주는 것들이 많은 듯했다. 어쩌다 밥상에 앉으면 폭식을 했다. 분명 밖에서 먹는 밥이 부실했던 것이다. 저러다 탈이 나지 않을까 염려되었다. 그런 날이면 남편 눈치를 보며 이것저것 아들 앞으로 음식을 밀어 주었다. 폭식 증상을 보여도 씩씩하게 먹어주는 것이 고마웠다.

"그래, 내가 밥이다."

송곳눈을 하며 손에 돈을 쥐어 줄 때마다 머리를 긁적이며 받아드는 아들이 밉지가 않았다.

어른이 되어가는 녀석에게 나는 한 공기의 밥도 되지 못하고 있다. 집을 떠나 멀리 있기 때문이다. "엄마!" 하고 전화를 하면 나는 기꺼이 밥이 되고 싶어 한다. 밥은 잘 먹고 다니느냐 굶지 않느냐 때는 놓치지 마라 입맛은 어떠냐. 아들의 '엄마' 말 한마디에 마구 밥을 쏟아낸다.

서울에서 직장을 다니는 아들이 오랜만에 집으로 왔다. 주말의 고속도로 정체가 심해 자정이 넘어서야 도착했다. 가끔 내려오면, 친구 좋아하고 세상 온갖 일에 호기심이 많아 밖으로 돌다가 휙 가 버린다. 이번에는 다르다. 기어이 세끼 밥을 먹이리라.

밥벌이에 지쳐 얼굴이 팥잎처럼 작아지고 눈이 움푹 팬 아들을 위해 아침부터 참치김밥을 말았다. 고슬고슬하게 지은 밥 위에 깻잎을 깔아 참치를 듬뿍 올리고 우엉이며 계란, 당근과 오이 그리고 김치 볶은 것도 올렸다. 녀석은 눈도 제대로 못 뜬 채 김밥을 먹었다. 참치김밥은 역시 '엄마표' 라는 저만의 평가를 잊지 않았다. 깻잎과 어우러져야 참치 맛이 제대로 난다며 너스레도 떨었다. 아들은 밥이 되고자 하는 나를 기쁘게 하는 법을 알고 있었다. 혼자 사는 친구에게 꼭 먹이고 싶다고 남은 김밥을 싸 달라고 했다. 매사에 그랬다.

점심때는 국수가 어떠냐고 넌지시 운을 뗐다. 휴일이면 엄마 생각이 나서 국수를 사 먹는다는 얘기를 들었을 때 나는 쾌재를 불렀었다. 벌써부터 냄비 속에선 멸치와 새우, 다시마를 넣은 육수가 펄펄 끓고 있었다. 반짝, 눈이 빛나는가 싶더니 금방 흔들렸다. 분명 점심약속이 있을 것인데 엄마의 국수도 떨치기 어려운 유혹이었을 것이다.

아들은 점심시간을 훨씬 넘기고서야 헐떡이며 들어왔다. 그리고 "엄마, 국수!"를 외쳤다. 국수를 먹기 위해 일부러 점심을 조금만 먹었다고 했다. 녀석은 또 망설였다. 물국수와 비빔국수 사이에서. 매운 것을 싫어하는 탓에 순한 고추장을 넣어 비빔국수를 먼저 준비했다. 식초를 한 방울 떨어뜨리고 오이를 채 썰고 열무김치를 참기름에 살짝 버무려 양념된 국수 위에 올린다. 상추 잎을 잘게 뜯어 넣고 그 위에 깨소금도 듬뿍 뿌려 주었다.

비빔국수를 먹는 동안 나는 물국수를 준비한다. 고명을 준비하면서 흘끔흘끔 아들을 쳐다본다. 빨간 면발이 입속으로 잘도 빨려 들어간다. 밥이 되고자 하는 내 열망이 순조롭게 실행되고 있어 내 배가 먼저 불러온다.

아들이 제일 좋아하는 음식은 꽃게탕이다. 금방 사 가지고 온, 살아있는 꽃게의 다리를 툭 건드려 보더니 열심히 전화를 걸었다. 조금 일찍 저녁을 먹고 만나면 어떠냐는 내용이었다. 아들은 꽃게탕을 먹고 외출을 할 모양이었다.

이른 저녁상 앞에서 환하게 얼굴이 빛났다. 통통한 집게 다리 속에서 빼낸 하얀 속살을 먹을 때의 표정은 예닐곱 살 때와 똑같이 변함이 없다. 게살을 바를 때만큼은 손놀림이 섬세했다. 나를 향해 엄지손가락을 치켜세우는 것도 마찬가지다. 아들은 꽃게탕과 함께 밥 한 그릇을 뚝딱 비웠다. 밥이 되고자 한 내 전략은 완벽하게 성공을 거두었다. 수년 만에 하루 세 끼를 엄마 밥으로 채운 녀석은 해가 하늘에 걸려 있는데 저녁 외출을 했다.

직장을 가진 후부터 '엄마' 소리가 더욱 줄어들었다. 밥이 되어 줄 돈도 이제 제가 벌어서 쓰기 때문이다. 남편도 그랬다. 처음엔 시어머니에 대한 추억의 맛을 새록새록 기억해 내곤 했었다. 아니 무슨 보물처럼 은근슬쩍 풀어내더니 내가 해 준 음식 맛에 길들여지면서 절로 잊어버렸다. 아들은 아마 그보다 더 짧은 시간이면 될 것이다.

한때 나는 고봉밥이었다. 신발짝을 훽훽 날리며 날듯이 들어와 밥상 앞에 앉을 때 녀석에겐 우주만물이 밥이었고 그 밥 속에 엄마도 당연히 들어있었다. 한 공기의 고슬고슬한 밥이었을 때 아들은 성장통을 앓았고 훌쩍 자라 제 아버지 키를 넘고 말았다. 이제 아들의 밥은 바깥세상에 존재한다.

아들은 밥으로 세상을 만나고 있다. 밥벌이란 분명 힘들고 고단할 것이다. 하지만 그 밥으로 어리석음을 지워가고 사유의 근본을 찾아가고 있다. "엄마, 밥!"이 아직도 귀에 쟁쟁하니 엄마의 밥이 전설이 되지 않기를 바랄뿐이다. 녀석은 분명 참치김밥의 그 깻잎 향이나 꽃게탕의 흰 속살이 주는 희열을 오래 추억할 것이다.

오늘 세끼를 먹였다. 태초에 밥이 있어 나는 엄마가 되었다.

묵밥 한 그릇의 초대

추위를 타는 한 남자를 초대한다. 하루 한 끼 밥도 제대로 먹지 못한다니 초대라는 그럴듯한 말을 붙여 본다. 그를 위해 따끈한 밥을 준비한다. 멀리 타국으로 가족들을 떠나보낸 뒤에 눈은 퀭하고 키는 더 멀쑥하다. 외로움에 길들여져 텅 비어 버린 속을 밥으로 채워주고 싶다. 앞치마를 두르고 곱게 칼질을 하고 갖은 양념장을 만든다.

남자를 위해 음악도 골랐다. 〈베토벤의 영웅교향곡〉보다 화려하고 기개가 넘치는 〈브람스의 영웅교향곡〉이다. 그는 한때 클래식 마니아였다. 그런 좋은 시절이 있었다고 하며 나에게 여러 장의 음반을 선물하기도 했다.

아래층에 사는 인심이 후한 여자가 아침 일찍 메밀묵 한 덩이를 내밀었다. 친정어머니가 보내왔다는 묵은 탱탱하고 묵직하여 무게감이 전해졌다. 신앙심이 깊어 매일 새벽기도에 빠지지 않는 그녀가 내민 때깔 좋은 묵 한 덩이는 '예수를 믿으세요.' 라는 암묵적인 메시지가 담겨있어 약간은 부담스러웠다. 일요일이면 현관 문틈에 끼워놓는, 성경말씀이 담긴 전도지가 꼭 묵 한 덩이의 크기와 같았다. 환하게 웃으며 맛있게 잘 먹겠노라는 말을 수차례 했지만 괜히 신경이 쓰였다.

묵을 보자마자 부처님 전에 수시로 과일이며 과자를 올리던 그 남자 생각이 났다. 우리 동네를 지나 절집을 드나들더니 지난가을 윤기가 좌르르 흐르는 도토리묵을 한 통 담아서 가져왔었다. 노모가 뒷산에서 주운 도토리로 쑨 묵이라며 맛이 특별해 내 생각이 났노라고 쑥스럽게 건네고 갔다. 그날, 가을 나들이도 못해 봤다고 답답해하는 고3 아들을 둔 후배를 불러 온갖 채소를 넣어 묵무침을 해서 먹였다. 가을을 불러들이고 산의 기운도 함께 버무려 넣었다.

보험 영업을 하는 그는 나만 보면 허리를 깊숙이 굽힌다. 기러기 아빠라는 처지가 안타까워 지인들에게 소개해 준 것을 고마워하고 있다는 표시다. 영업사원이라면 말끔한 복장에 반듯한 자세가 기본인데 소매 끝이 닳은 양복에 부스스한 얼굴과 구식 넥타이가 혼자 사는 남자의 고단함을 대변한다. 얼마 전에 절집에서 마주쳤는데 푸석한 얼굴에 굽은 뒷모습이 자꾸 눈에 밟혔다. 따뜻한 밥 한 그릇이 절실해 보였다.

묵밥 만드는 일은 어렵지 않다. 특별한 요리법이 없으니 내 방식대로 하면 그만이다. 위를 그득 채우는 포만감보다 위로가 되는 밥이길 원하니 까다로운 레시피도 필요 없다. 과정도 단순하다. 멸치와 다시마, 버섯을 넣어 진하게 육수를 우려낸다. 약간의 국간장을 넣자 달착지근한 밑간이 된 시원한 국물 맛이 난다. 육수만 잘 우려도 반은 성공이다.

남자가 현관에 들어서자 찬 공기가 확 딸려 들어온다. 아침에 영하로 기온이 떨어졌다는데 홑양복 차림이다. 여윈 어깨에 썰렁하니 냉기가 얹혀 목이 더 가늘다. 손까지 부비며 엉거주춤 들어선다. 온 힘을 다해 열심히 살고 있으니 잠재된 기상을 내 비치면 좋으련만 안타깝다. 큼지막한 면기를 꺼내 곱게 채를 친 메밀묵을 담는다. 고명으로 묵은 김치를 송송 썰어 깨소금과 마늘, 참기름을 넣고 버무려 올린다. 맑은 간장에 다진 파와 마늘, 깨소금과 참기름, 고운 고춧가루로 만든 양념장을 넣고 그 위에 김가루를 듬뿍 뿌린다. 남자에게 푸른 기운이 쑥 들어가라고 쑥갓도 소복하게 올려본다. 그리고 뜨끈한 육수를 부어주면 묵밥은 완성이다. 여기다 노란 조밥을 두어 숟갈 넣으면 허한 속을 채우기에는 그만이다.

참기름 방울이 동동 뜨는 묵밥을 한 숟갈씩 퍼서 후루룩거리며 먹는다. 퍼올리는 밥숟가락이 그득해서 보는 내가 든든하다. 가끔 매끄러운 묵이 주르륵 흘러내리기도 하지만 뚝딱 먹어치운다. 도토리묵이 최고라고 여겼는데 메밀묵도 감칠맛이 나고 담백하다며 두 그릇을 국물까지 남김없이 비워낸다.

고객을 만나면 깍듯이 허리를 숙이는 그인지라 앉아서 먹는 자세도 구부정하다. 아직도 십 년 이상을 학비를 조달해야 한다는데 점점 새우등이 되어 갈 것은 뻔하다. 때마침 울려 퍼지는 〈브람스 영웅교향곡〉의 풍부한 사운드가 힘든 가장을 위무한다. 이국땅에 있는 자식들과 혼자 사는 노모에게 그 또한 위풍당당한 영웅임에 틀림없다.

'예수님이 보내신 묵밥'이라고 했더니 어떤 신이든 내 가족을 굽어 살피는 절대자라면 엎드려 경배하고 싶다고 이를 드러내며 사람 좋은 웃음을 흘린다. 고뇌하는 중생이라 예수님이든 부처님이든 옷자락 끝이라도 잡고 싶다는 진심이 묻어나는 얘기에 코가 찡하다. 이 남자에겐 숭늉 한 사발이든 흰 쌀밥 한 공기, 나물 한 보시기도 초대라는 거룩한 이름을 붙여 자주 불러주어야겠다. 한 잔의 차, 한 접시의 떡, 과일 한 쪽 같은 소박한 음식도 분명 감동을 섞어 먹는 법을 알고 있기 때문이다.

메밀묵 한 덩이는 가족이 그리운 이에게 밥이 되었다. 우리의 초대에 응해준 그는 오랜 허기를 달래고 세상 속으로 나갔다. 냉혹한 현실 속에서 묵밥의 힘으로 또 버텨야 한다. 〈브람스 영웅교향곡〉의 다이내믹한 힘에 밀려 문을 나서는 남자의 어깨가 들어올 때와는 달리 뜨끈해 보인다.

예수님의 말씀이 담긴 메밀묵 한 덩이는 한 남자에게 힘이 되었으니 훌륭한 전도가 된 셈이다.

잔치국수

우리 집 사랑채에 살던 신 약국집 원순이 언니를 친 동기간처럼 따랐다. 결혼식이 있기 며칠 전, 색실로 수놓은 복주머니를 내게 가만히 쥐어 주었다. 그리고 결혼을 하면 좀 먼 곳으로 간다고 했다. "보고 싶으면 어쩌지?" 언니의 그 말이 귓전에 맴돌았다. 언니의 혼례를 치르는 날, 어머니가 말아준 국수 그릇을 반도 비우지 못했다. 아홉 살 나는 조금 서럽기도 했다. 술렁이는 잔칫날 먹는 국수는 본능적으로 이별을 감지케 했다. 그 이후로 원순이 언니를 만나지 못했다.

전국적인 규모의 개천예술제 기간은 시내 전체가 들썩거렸다. 집집마다 대문에 청사초롱을 달았다. 국화향이 번지고 사람들의 얼굴에 홍조가 물들었다. 오락거리가 별로 없던 시절, 예술제 구경은 놓칠 수 없는 흥겨운 축제였다. 멀리서 혹은 가까이서 온 손님을 치르는 기간이기도 했다.

우리 집에도 해마다 시골에서 노인들이 왔다. 콩 한 됫박, 찹쌀이며 팥 그리고 잘 익은 호박을 이고 지고 왔다. 사나흘 머물렀다. 그들은 어머니와 아버지를 나무랐다. 과년한 딸을 치우지 않고 집 안에 그대로 두고 있다고. 스물을 갓 넘긴 나는 놀랍게도 보증기한이 지난 질 낮은 물건 취급을 받았다. 내가 언뜻 보이기만 해도 국수는 왜 안 먹여 주냐고 다그쳤다. 축제 분위기와는 달리 나는 어디든 숨어야 했다.

아버지는 회사에 휴가까지 내고 시내 곳곳, 축제가 열리는 곳을 찾아다니며 안내를 도맡았다. 말끝마다 딸을 해묵힌다고 나무라는 노인들에게 맛있는 것도 사 드리고 진귀한 구경거리를 제공하였다. 불꽃놀이가 화려하게 펼쳐진 밤에 모두 고마움을 표했다. 아재는 하늘에 퍼지는 불꽃처럼 신수가 훤하게 필 거라고. 아버지는 항렬이 높아 머리 허연 노인들에게 모두 아재뻘이었다. 어머니는 은빛이 도는 남해 멸치로 국물을 진하게 우려 만든 잔치국수를 내놓았다. "아이고, 우째 아지매는 새각시 때랑 똑같이 손맛이 변하지 않느냐."고 추임새까지 넣어가며 칭찬을 했다. 부모님의 정성스런 손님 치르기는 입막음용으로 그만이었다. 그까짓 잔치국수가 뭐라고.

축제가 끝나고 버스 정류장까지 배웅을 간 아버지에게 그들은 꼭 덧붙이곤 했다. 딸의 혼기를 놓치면 큰일이 난다고. 아버지께 귀하고 소중한 나는 그들에게 근심덩이로 비쳤던 것이다. 여러 해, 예술제 기간마다 마음에 줄줄 비가 내렸다.

내 결혼식이 있던 날, 비는 오지 않았다. 바람이 불었다. 내가 주인공이었지만 그렇게 기쁘지가 않았다. 축하해 주러 온 대부분의 사람들과 이별을 예고한 자리였다. 손을 가만히 잡아 준 사람들과 그 이후로 왕래가 없었다. 고향을 떠난다는 것은 많은 것들과의 결별이었다. 국수를 주지 않는다고 성화였던 친척들, 개천예술제 때마다 오셔서 걱정 아닌 걱정을 해 준 어른들과 잔치국수를 함께 먹고 헤어진 후 거의 만나지 못했다.

어머니가 넣어 준 반짇고리 속 오색실은 평생을 써도 남을 만큼 길었다. 팽팽하게 감겨 있었다. 백년해로하라는 뜻이었다. 그 실로 옷의 타진 솔기며 뜯어진 밑단들을 수없이 기웠다. 색실들은 실밥으로 남고 혹은 보푸라기가 되어 훌훌 날아갔다. 날 수 없어 눌러앉은 남자만 내 옆에 남아 있다. 머리가 파뿌리 될 때까지 서로 든든하게 지켜주기로 한 약속이 아직 효력이 남은 모양이다. 낡아버린 것들은 그 자체로 아프다. 길이에 상관없이.

식구들이 좋아해 하루걸러 식탁에 오르던 국수를 한동안 먹지 않았다. 작년 봄에 양남 마을 작은 국수 공장에서 줄서서 사온 국수다발이 질긴 종이봉투 속에 그대로 있다. 요즈음 사람들은 남의 일에 관대하다. 해묵은 딸이 내 주위를 맴돌고 있는데 아무도 국수 달라고 채근을 하지 않는다. 어머니처럼 입막음용으로라도 국수를 삶고 싶은데 이해심 많고 너그러운 어른들은 우리 모녀를 은근히 외면한다. 못내 섭섭한 마음이 드는 것은 무슨 까닭이란 말인가.

오늘 비가 후줄근하게 내린다. 늦은 점심으로 거의 일 년 만에 국수를 한다. 베란다 창으로 빗물이 딱따그르르 부딪치며 구른다. 면발처럼 하얗게 빗금을 긋더니 절로 끊어진다. 진한 육수를 우려내고 갖은 고명을 준비한다.

시인 백석은 국수를 '반가운 것'이라 했다. 은근하니 흥성흥성 들뜨게 하며 온다고도 했다. 잔치국수도 그렇게 들썩이고 술렁이며 와서 함께 먹어야 제 맛이다. 빗소리가 조금 시끄럽고 어지럽지만 그것도 손님인 양 좋다. '이 마을 저 마을의 의젓한 사람들과 살틀하게 친하다'고 시인이 노래한 국수를 나도 청잣빛이 도는 사발에 살뜰하게 담아낸다. 알고 보면 잔치국수란 이별국수다. 그 국수 한 그릇을 흥성하게 달뜬 마음으로 나누어 먹고 나면 시집가는 새색시는 정들었던 많은 것들을 조심스럽게 놓아야 한다.

오랜만에 국숫발을 끌어 올린다. 시원하고 반가운 맛이다. 입 속도 환하다. 다른 음식 앞에서는 젓가락질이 굼뜨던 남편도 손아귀에 힘이 바짝 들어간다. 무심하게 눌러 앉아 곁을 지켜준 이 남자에게 덤덤하되 익숙한 맛의 국수 한 그릇 바치길 잘했다.

한겨울 평안도 지방의 국수를 백석은 '희무수레하고 부드럽고 수수하고 슴슴한 것'이라고 맛깔나게 표현했다. 나도 빗발처럼 희고 부드럽고 무슴슴한 국수를 먹는다. 예전 개천예술제 때마다 국수 타령을 하던 그 분들이 내 집에 찾아 온 듯하다. 원순이 언니의 결혼식 날, 온 집이 흥겹게 잔치 기운이 퍼져나던 축제를 떠올리며 빗소리와 함께 먹는다. 잔치국수 맛을 조금 알 것 같다.

실꾸리에 감긴 퇴색되어 엶어진 실처럼 덧없는 일은 얼마나 많은가. 그래도 비 오시는 날 잔치국수는 반갑다.

집으로

땅거미가 내리는 시간, 골목길에서 놀던 친구들이 하나둘씩 집으로 가고 혼자 남았습니다. 갑자기 설움이 치밀어 으스스 한기를 느끼는데 '집에 가자.' 누군가 내 손을 잡아끌었습니다. 골목을 향해 아무리 불러도 대답이 없자 나를 찾아 나선 어머니였습니다. 돌아갈 집이 있어 내 걸음걸이는 깃털이 되고 어둠 따윈 공포감을 주지 못했습니다.

대학을 졸업하고 서울의 여의도 아파트에서 친구랑 반 년 정도 살았습니다. 처음으로 집을 떠나 있던 때였지요. 아파트 숲에 둘러싸인 동네에선 마음 둘 곳을 찾지 못했습니다. 공부도 일도 내 의지대로 되는 것이 없었습니다. 여린 잎 하나도 틔울 수 없어 매일 미열이 나고 아팠습니다. "그만 집으로 오너라." 여름의 문턱에 들어서던 어느 날, 아버지의 전화를 받고

짐을 꾸려 미련도 없이 그곳을 떠났습니다. 돌아오는 기차 안에서 '집'이라는 단어를 수없이 발음했습니다. 그렇게 좋을 수가 없었습니다. [집] 하고 소리를 낼 때마다 두리반에 식구들이 빙 둘러 앉은 정겨운 모습이 떠올라 몹시 설레었습니다. 마당에 핀 수국이 대문께로 둥근 얼굴을 내밀고 기다리고 있을 것 같아 마음이 먼저 반달음질로 길을 재촉했습니다.

'집'이라는 한음절의 단어에 푹 빠져든 것은 아마 그때였던 것 같습니다. [집]이라고 소리 내어 읽으면 세상의 누구라도 감싸 안을 만큼 깊은 울림을 냅니다.

'집'은 묘한 짜임입니다. 분명 한글은 소리글자인데 이 단어가 완벽한 뜻글자라고 늘 착각합니다. 첫소리 'ㅈ'은 한껏 넓은 한옥의 지붕입니다. 용마루를 가로로 쭉 펼치고 찬찬히 내려와 내림마루와 추녀마루를 이룹니다. 그리고 매끄러운 곡선의 끝에 도깨비 망와를 얹어 마침표를 찍지요. 무량한 세상을 품은 'ㅈ'은 지붕다운 지붕입니다.

가운뎃소리 'ㅣ'는 튼튼한 기둥입니다. 햇살 따뜻한 터에 놓인 주춧돌 위로 곧게 뻗어 올라 그 기개가 꿋꿋합니다. 흔들림이 없이 제 할일을 다합니다. 기둥의 대들보는 물론 종도리며 중도리를 떡 하니 받치고 있어 무게중심을 이룹니다.

끝소리 'ㅂ'은 내적 어울림이 있는 완전한 공간입니다. 활짝 열린 곳이요, 또한 완벽하게 집안을 보호하는 닫힌 공간이기도 합니다. 'ㅂ'은 방이요, 대청마루요, 거실이 됩니다. 외양간이 되고 부엌이 되고 동시에 뒤뜰이 되기도 합니다. 그리고 놀이 마당입니다.

이 한 음절의 단어는 밝아서 어둠을 싹 걷어냅니다. 세상의 번잡한 일도 고향집과 함께라면 순리대로 풀립니다. 온종일 햇볕이 들어와 나른하게 졸고 바람도 솔솔 불어 게으르게 머물다 갑니다. 울 너머에는 이웃이 있고 골목엔 아이들 웃음소리가 있어 우리는 대대로 유순하게 살아왔습니다.

언제부턴가 '집'이 아파트라는 이름으로 불리게 되었습니다. 도심은 물론이고 시골에도 높은 아파트가 우후죽순처럼 들어섰습니다. 아파트에서 나고 자란 우리 아이들은 아파트가 당연히 집이 되었습니다. 그런데 내겐 멀리 마음 밖으로 밀려난 언어입니다. 외래어에 대한 선입견뿐만 아니라 우선 센소리가 겹쳐서 납니다. 'ㅍ'과 'ㅌ'이 만나서 모가 나고 날이 선 느낌이지요. '아파트'라고 발음하면 성대를 자극하고 껄끄럽게 목에 걸립니다. 사람이 공간을 만들어 가는 한옥과 달리 틀에 갇힌 형상입니다.

우리의 전통가옥은 앉은 데가 본이 되었습니다. 한번 터를 잡으면 평생 그곳에 살게 되는데 아파트는 다릅니다. 정착을 거부하는 사람들이 철새처럼 이리저리 옮겨 다닙니다. 아파트 마당에는 날마다 이삿짐 트럭이 들고 납니다. 나 또한 이삿짐을 풀면서 떠날 것을 염려했습니다. 보금자리가 되어야 할 아파트가 투자나 투기의 대상이 되면서 집이 갖는 본래의 속성은 퇴색되어 버렸습니다. 수많은 부동산 대책이 아파트 열풍을 따라 잡지 못하고 겉돌고 있는 것은 사람의 '집'이 아니기 때문입니다.

평생 한옥을 지어온 건축가는 '집은 인간의 삶을 담는 그릇'이라고 표현했습니다. 그래서 주인을 빼 닮은 집은 정직하고 자유롭고 정갈하다고 했지요. 삶을 담는 그릇이 큰 이익을 얻기 위한 기회주의자들에 의해 깨지고 부서져 만신창이가 되면 사람들은 춥고 낮은 곳으로 내몰리게 됩니다.

기와지붕 위로 부드럽고 넉넉한 자태의 뒷산이 다가오던, 유년을 보낸 고향 집으로 돌아가고 싶습니다. 마당에 맨드라미와 국화가 피고, 뒤뜰에 감나무가 줄지어 서 있었습니다. 대청마루에 누워서 보면 서까래가 시원스럽고 기둥에는 군데군데 주련이 걸렸었지요. 집 모퉁이의 텃밭에는 푸성귀가 자라고 사랑채 마당에 석류가 붉게 익어가던 그곳이 바로 내 집이었습니다. 한 번 들면 며칠씩 쉬어가도 좋을 따끈한 아랫목과 달빛과 햇빛을 머금은 분합문을 보면서 내 인생의 밑그림을 그렸습니다. 이웃끼리는 허술한 경계가 있어 마음들도 술술 통과하고 무심한 노랫가락이 흐르는 곳이었지요. 하지만 고향 집은 이미 남의 집이 되었습니다.

"어머니, 집으로 갈게요." 아들이 연휴를 맞아 다니러 온다고 했습니다. [집]에다 힘을 주어 말했습니다. 아들에겐 부모형제가 있는 곳이 바로 집이라는 것을 알았습니다. 부모가 뜨거움이나 바람을 가려주는 넓은 지붕이 되고 폭풍우도 견디게 해주는 기둥이지요. 제 몸 하나 뉠 수 있는 공간만 허락하면 넓은 대청마루가 부럽지 않은 것 같습니다. 그래도 제 방에다 싱싱한 꽃 화분 하나를 가져다 놓았습니다. 감나무 한 그루 심는 마음으로 말입니다. 푸른 배경의 풍경화 한 점도 걸었습니다. 나 또한 아들이 아파트 문을 밀고 들어서는 순간 대들보 하나를 올리는 든든한 기분이었습니다.

아들은 집에 머무는 동안 잘 먹고 달게 자며 자주 소리 내어 웃었습니다. 내가 돌아가고 싶은, 부모님이 계시지 않은 고향집은 그리움이란 현실 저편입니다. 그러나 아들에게 집은 정을 나누는 소박한 공간이었습니다.

'이제 집으로 가자.' 손목을 잡아 끌어줄 사람은 아무도 없는데 수묵처럼 어둠이 번지는 길에 덩그러니 혼자 서 있습니다. 이럴 때는 연이어 '집'을 소리 내어봅니다. [ㅈ ㅣ ㅂ] 혀끝을 살짝 내밀다가 입술을 앙다물어 봅니다. 글자의 획이 그대로 살아 움직입니다. 집 한 채가 꽃숭어리처럼 터져 내게 다가옵니다.

태양 그리고 콜라

황금빛 잉카콜라는 낯설었다. 콜라는 검정색이라는 등식이 깊이 박힌 탓이다.

한동안 잉카제국에 대해 더듬어 보는 시간을 가졌었다. 안데스 산맥도 가까이 느끼려고 애썼다. 나스카의 지상그림과 티티카카 호수에 대해 무한한 상상력을 펼치며 설렘을 감추기가 어려웠다. 마추픽추와 우루밤바 계곡의 아찔한 사진들도 수없이 보았다. 쿠스코와 태양의 신전 꼬리깐차까지 책으로 영상으로 두루 섭렵을 했다. 그러나 잉카콜라에 대한 정보는 전혀 없었다. 페루에 도착하자마자 이 노란 음료 때문에 당황했다. 사전지식이 없다는 것은 미약하지만 두려움이었다.

잉카콜라뿐만이 아니었다. 리마의 센트롤 거리에서부터 노랑은 거침없이, 무한정한 색채감으로 밀려왔다. 거리 중심에 늘어선 건물에는 가감 없는 노랑 페인트칠이 듬뿍 되어 있고 중앙청사도 노랑 옷을 입고 있었다. 크고 작은 가게의 간판도 마찬가지였다. 아하, 여기가 태양의 후예들이 사는 곳이구나. 황금으로 신전이며 왕궁을 치장했던 잉카제국을 떠올리며 저절로 고개가 끄덕여졌다. 페루는 온통 노랑의 바다였다. 빛깔로 태양신의 후예임을 만방에 고하고 있었다.

페루는 해바라기의 고향이다. 잉카인들에게 해바라기는 태양신을 의미한다. 이글거리는 태양의 기운을 빨아들여 충만하게 노란 빛깔을 뿜어내는 해바라기는 내가 제일 좋아하는 꽃이다. 해바라기는 정작 보이지 않았지만 강렬한 노랑 빛깔이 내 몸을 지긋하게 누르는 느낌은 페루를 떠날 때까지 미열처럼 붙어 다녔다.

1532년 황금을 좇아 페루에 찾아들었던 스페인의 프란시스코 피사로는 철저하게 잉카를 파괴했다. 잉카제국은 황금시대를 마감했었다. 그런데 지금 그 백인들에 의해 잉카가 부활되고 있다. 잉카콜라는 스페인계 백인에 의해 만들어졌고 모든 잉카문명이 백인에 의해 베일을 벗고 있다. 수많은 관광객의 대부분이 유럽의 백인들이다. 잉카제국을 부수고 무너뜨린 것도, 묻히고 잊혔던 잉카문명을 20세기에 부활시킨 것도 모두 페루 토착민이 아닌 백인이었다는 사실은 역사의 아이러니다.

식당이나 카페에서 페루인들은 샛노란 잉카콜라를 죽죽 마셨다. 콜라는 검정색이라는 고정관념이 무색했다. 잉카의 후예들에게 황금빛은 몸속에 절로 녹아있는 삶의 일부다. 나처럼 무관한 사람들에게는 설탕물 같은 밍밍한 음료지만 페루인은 그 빛깔만으로 시간을 거슬러 오르는 역사의 무게다. 혀끝을 쏘는 자극적인 검정 콜라 맛을 거부하고 그들은 가슴 깊숙이 닿는 원초적인 맛을 즐긴다. 실팍한 태양의 기운을 마음껏 들이키는 것이다.

이 지구상에 코카콜라의 검은색 음료에 도전하여 유일하게 남아있는 것이 잉카콜라다. 1935년에 출시된 잉카콜라는 페루인들에게는 잉카의 자부심이요, 태양의 선물이다. 그러니까 지구상에 딱 하나 존재하는 콜라의 독립국이다. 코카콜라의 무차별적인 공세 속에서도 잉카콜라는 굳건히 점유율 1위를 지키고 있다.

자본주의란 때론 지구의 구석구석에다 선전포고를 한다. 약육강식이 마땅하다고. 여러 해 전, 인도의 가난한 지역인 비하르주를 여행한 적이 있다. 다 쓰러져가는 오두막이 죽 늘어선 동네에 벽마다 코카콜라 광고가 연이어 나타나는 것을 보고 우울했다. 입을 벌린 사자가 동네를 삼킬 것처럼 위압적이었다. 그 이후 나는 콜라를 마시지 않는다.

그런데 노란색 음료의 독주를 두려워한 코카콜라 회사가 잉카콜라의 지분을 대부분 인수했다고 한다. 잉카의 자부심 따위는 자본의 위력 앞에 맥없이 무너졌다. 인도의 오지 마을에서처럼 충격적이었다. 그런 말도 안 되는 이유에 굴하지 않고 사람들은 황금빛 음료를 즐겨 마시는 것으로 충만한 애국심을 드러내고 있었다.

오얀타이땀보는 작고 예쁜 마을이었다. 잉카의 공중도시 마추픽추를 가려면 이 작은 마을을 지나야 했다. 그곳의 오래된 카페에서 선택할 수 있는 음료는 잉카콜라밖에 없었다. 카페의 창으로 보이는 적당히 파괴된 유적들이 저무는 햇살을 받아 붉게 물들고 투명한 유리병에 담긴 노란 콜라는 사라져버린 옛 영화를 말해주었다.

잉카인들은 태양빛에 노출된 모든 색을 그들의 직물에 이용했다. 원주민이 입고 다니는 옷이나 모자에는 이 세상의 모든 색깔이 고루 들어있다. 그 현란함의 통일된 색깔이 바로 황금색이다. 황금빛 잉카콜라를 죽죽 마셔대는 페루비안과 멀뚱히 노란 음료를 구경하는 나는 모두 태양에 몸을 맡긴 채 오얀타이땀보의 오후를 즐겼다.

온갖 원색의 향연을 받아들이지 못하는 나는 잉카콜라 한잔을 제대로 마시지 못하고 페루를 떠나온 것을 뒤늦게 후회하고 있다. 아니 잉카콜라의 독립을 은근히 부러워하고 시샘했던 것이다. 기타와 팬파이프가 내는 남미 음악의 단순한 선율과 노랑이 어울리면 묘한 권태감이 밀려왔다. 나중에는 머리를 절레절레 흔들었다. 처음 대하는 음식에 쉽게 길들여지지 않는 생태적인 이유도 한몫을 했다. 마음 한 쪽의 빗장을 풀지 못한 나는 지구 반대편, 남태평양을 마주한 페루에서 이질감을 감추기 어려웠다.

페루의 국화가 해바라기라는 사실만으로 잉카는 낯설지 않았다. 감추어진 비밀을 풀어가는 흥미진진한 여행이었다. 하지만 잉카제국의 수도였던 쿠스코에서, 리마의 레스토랑에서, 오얀타이땀보의 작은 카페에서도 잉카콜라를 죽 들이키지 못한 탓에 내 여행은 미완인 채로 남았다.

4.

신기료장수

아직 존재 증명이 필요한 친구에겐 기루씨의 부재가 낯설고 서글픈 일임에 틀림없을 것이다. 그녀는 지금 기루씨를 찾자는 것이 아니다. 고향마을에 남아있어야 할 우리들의 이야기가 신기루처럼 사라지는 데 대한 허탈함이 짙게 그녀의 몸을 휘돌고 있는 것이다.

길 위의 보고서

"나는 뒷날을 위해 한 길을 남겨두었습니다."

로버트 프로스트의 시 〈가지 않는 길〉을 배우던 날, 앞으로의 내 인생에서 많은 선택의 길이 있음을 알았습니다. 그리고 삶의 근원적인 문제의 해답을 찾기 위해 길 위에 서야 할 날이 많음을 시는 암묵적으로 가르쳐 주었습니다.

뒷날을 위해 한 길을 남겨두어야 했지만 가지 않은 길에 대한 궁금증을 풀기 위해 핑계 삼아 먼 길을 떠나왔습니다. 그 길은 다른 길에 연이어 끝이 없기에 길 위에서 보고서를 씁니다.

〈가지 않는 길〉에 대한 유혹은 이 시를 배우던 16살 적에도 서른 살을 갓 넘긴 해에도 그랬지만 지금도 떨쳐낼 수가 없습니다. 하굣길에 버스를 타고 종점까지 가기를 좋아했습니다.

그곳은 길의 끝이 분명 아니었습니다. 이어진 길에 대한 미련 때문에 캄캄한 밤에 길을 잃고 헤맨 기억도 뚜렷합니다.

가방을 꾸리는 동안 하필이면 파키스탄이냐고 모두들 의아해했습니다. 라호르는 살인적인 더위가 이어지고 얼마 전에는 수도인 이슬라마바드에서의 자폭 테러로 나라 안이 불안하다고 했습니다. 아프가니스탄과의 국경지역에는 탈레반의 교육장이라고 살벌 씁쓰레한 정보만 가득했습니다. 그러나 프로스트의 시처럼 두 갈래 길 중 사람이 적게 간 길을 택하였습니다. 그 길은 내가 가지 않은 또 다른 길과 이어져 있을 것을 믿어 의심치 않았습니다.

길은 험난했고 40도를 오르내리는 폭염 때문에 지치곤 했습니다. 장거리 이동으로 육신은 피곤에 절고 고통으로 몸살을 앓았습니다. 이미 예견한 일이었고 길 없는 길을 찾아 나선 고행이었습니다.

세상에서 가장 험하다는 길, 하늘과 가까워 협곡과 낭떠러지가 이어지는 오금 저린 카라코람 하이웨이를 새벽부터 밤까지 버스를 타고 달렸습니다. 중국의 서안에서 카슈가르를 거쳐 쿤자랍패스를 지나 인도로 이어지는 가물가물한 옛 실크로드를 바라보며 아침을 맞곤 했습니다. 오로지 낙타에 의지해 선처럼 그어진 길을 따라 서역으로 또 중앙아시아로 꿈을 좇아 나아간 옛 대상들은 참 위대합니다.

현장법사와 혜초가 불경을 찾아 아득한 이 길을 지났습니다. 사막을 지나고 산맥을 넘고 강을 건넜습니다. 절대 후회하지 않을 길을 택한 사람들이었습니다. 그 길을 편안하게 버스로 달려가면서 힘들다고 아우성을 치다니 부끄럽습니다. 아무도 내게 강요하지 않았는데 마음이 풀어져 화가 났습니다. 가지 않은 길에 대한 유혹은 달콤하지 않았습니다.

카라코람 하이웨이는 그야말로 하늘 길이었습니다. 천 길 낭떠러지 아래로 흐르는 인더스 강이 무섭게 출렁였습니다. 빙하가 녹아 흘러내리는 누런 황토색 물은 무엇이든 삼킬 듯 거칠고, 가드레일도 없는 길에 울긋불긋 치장을 한 트럭들은 속력을 내어 달렸습니다. 큰 바위가 굴러 떨어져 도로 가운데 턱 버티고 서 있거나 금방이라도 쏟아져 내릴 것 같은 돌덩이들은 위압적이었습니다. 폭우로 물줄기가 생기고 뾰족한 돌이 굴러다니더니 타이어에 펑크도 여러 번 났습니다.

뙤약볕 아래 차는 헐떡이다 척박한 땅을 지날 때는 눈이 따갑기도 했습니다. 그러나 그런 모든 것을 다 상쇄시켜줄 만큼 히말라야 산맥과 카라코람 산맥은 새로운 풍경을 끊임없이 펼쳐 보였습니다. 낭가파르밧(8125m)은 눈부시게 흰 봉우리를 보여주었고 히말라야와 카라코람의 우뚝우뚝 솟은 봉우리들은 만년설을 이고 있어 황량해져 가는 기분을 시시때때로 달래주었습니다. 그때만큼은 탄성을 지르고 뷰 파인더를 통해 정답게 인사도 나누었습니다. 인간은 위대한 자연 앞에서는 한없이 순해집니다.

중국과 파키스탄의 합작으로 만든 카라코람 하이웨이는 험난한 산악지대에 2차선 도로를 내는 대역사였습니다. 3,000명이라는 희생자를 내었고 곳곳에 그들의 위령비가 있습니다. 지금도 비가 내리면 길이 유실되는 험한 산악 도로입니다. 사람이나 당나귀가 겨우 다니던 길을 벼랑 위의 바위를 깨어 만들었으니 새삼 인간의 의지력이 얼마나 대단한가를 몸으로 체험합니다.

길에서 만난 키가 큰 파키스탄 사람들은 순수했고 지나칠 정도로 친절했습니다. 늘 웃으며 이방인인 우리에게 말을 걸어 주었습니다. 마치 오래된 친구처럼 손을 내밀어 악수를 했고 가진 것을 나누어 주었습니다. 히잡을 쓴 여자들은 남자들보다 훨씬 적극적으로 다가왔습니다. 이슬람 여자들에 대한 갇힌 생각을 싹 거두었습니다. 모습이 다르고 문화가 틀리다고 거리를 둘 수는 없으니까요. 사람과 사람 사이에는 묘한 자력이 존재한다는 것을 하늘길을 가며 확실하게 배웠습니다. 길은 그렇게 다른 길과 연이어 있고 지나온 모든 길처럼 똑같이 아름답습니다.

폭우가 쏟아져 길이 끊기면 며칠씩 발이 묶이기도 하고 다리가 끊어지기도 합니다. 길이 유실되면 온 동네 사람들이 나와 곡괭이와 삽으로 길을 고칩니다. 그래서 작은 마을에도 여행자 숙소가 곳곳에 마련되어 있었지요. 그들은 결코 서두르거나 화를 내지 않고 알라의 뜻에 따라 그렇게 너그럽게 살아갑니다.

이슬라마바드 위쪽에서 카라코람 산맥과 히말라야, 힌두쿠시산맥에 걸쳐 중국 카슈가르까지 장장 1200㎞의 카라코람 하이웨이는 내가 택한 길입니다. 사람의 발자국이 조금 적은 길을 택한 것뿐입니다.

다시 길 위에 서야 할 것을 의심하지 않습니다. 내 선택에 절대 후회하지 않습니다. 4대 문명의 발생지인 총 길이 2900㎞의 인더스 강은 자꾸 나를 유혹합니다. 하늘길 위에서의 고행은 벌써 잊었다고 보고를 드립니다.

히브리 노예들의 합창

남성합창단의 연주가 끝났다. 손바닥이 얼얼하도록 손뼉을 치고 '브라보' 소리까지 질렀다. 좀 지나치다 싶었는지 옆 좌석의 여자가 힐끗거리고 같이 간 친구가 의외라는 표정으로 나를 뚫어지게 보았다. 박수에 인색하다고 평소에 지청구를 듣던 터라 그녀의 표정이 조금 복잡하게 얽혀드는 것을 보고 귀에다 바짝 입을 갖다 댔다. 남성의 울림통이 얼마나 근사하냐고.

미리 받아 본 시립합창단의 봄 연주 프로그램에는 〈두 대의 피아노와 남성 합창을 위한 예술가에 부쳐〉라는 곡이 눈에 확 들어왔다. 한 번도 들어본 적이 없는 리스트의 곡이었다. 프란츠 리스트는 수많은 피아노곡을 작곡한 천재 음악가다. 그가 남성 합창을 위한 작곡을 했다니 괜히 흥분이 되어 제목 아래

빨간 줄을 죽 긋고 연주회 날을 기다렸다.

〈두 대의 피아노와 남성 합창을 위한 예술가에 부쳐〉는 우리나라에서 초연되는 곡이라 무한한 상상을 펼치게 했다. 두 대의 피아노가 서로 화답하며 곡을 끌어가고 남성의 매력적인 성부인 테너와 바리톤 그리고 베이스가 서로 주고받는 소리는 역동성 있는 무대를 만들어갔다. '마법의 거룩한 시들은 조용하게 크나큰 조화의 바다로 이끈다.' 그 노랫말처럼 무대는 고요하나 소리는 광활한 바다로 출렁댔다. 그런 풍성한 연주를 듣고 손바닥이 아프도록 흔흔한 박수를 보내지 않는다면 예의에 벗어나는 일이 아닌가.

여고 2년 동안 합창반을 했었다. 친구가 실기 심사를 받는다기에 호기심에 따라갔다가 "좋아, 합격!" 하는 선생님의 굵직한 음성에 끌려 합창반이 되었다. 제일 낮은 성부인 알토를 지망하는 사람이 없어 고심하던 선생님께서 피아노의 건반을 점점 내려치는데 의외로 낮은 음이 술술 나왔다. 그게 화근이 되었다.

대회가 다가오면 소프라노는 주된 멜로디를 끌어나가야 하기 때문에 친구는 연습에 연습을 거듭하고 날계란까지 먹었다. 나는 그런 노력이 필요 없었다. 특히 여성 4부 합창일 경우엔 노래가 끝날 때까지 베이스음만 몇 번 깔아주면 그만이었다. 헨델의 〈할렐루야〉를 부를 때는 '주의 주── 또 왕의 왕──'

이 악절을 몇 번 하고 나면 곡이 끝났다. 맥 빠지는 일은 그뿐이 아니었다. 소프라노나 메조소프라노의 화려한 음색을 잘 듣고 있다가 내 파트가 되면 때맞추어 소리가 나와야 화음의 밸런스가 맞는데 그걸 놓치고 선생님께 꾸중을 듣곤 했다.

합창연습을 하는 것도 유쾌한 일이 아니었지만 무대 위에 올라가는 일은 더욱 곤혹스러웠다. 남 앞에만 서면 고개가 저절로 꺾이는 내가 무대 위에서 노래를 부른다는 것은 애당초 천부당만부당한 일이었다. 사실 사십여 명의 단원 중 내 자리는 제일 뒷줄이라 앞에 있는 관중은 보이지 않는데도 어깨가 움츠러들었다.

합창반을 하는 동안 환청에 시달렸다. '못난이, 빙충이.' 내 뒤통수에다 바늘 꽂는 듯한 소리에 놀라곤 했다. 그건 외모 콤플렉스와 함께 나를 대인 기피증으로 몰아갔다. 무대 위에서도 옹졸한 행동을 여지없이 드러냈다. 항상 고개를 숙였고 입도 제대로 벌리지 못했다.

2학년이 되고 1학년 신입단원이 들어올 때 그만둘 수도 있었다. 낮은 성부를 맡은 아이들이 슬금슬금 연습시간에 참여하지 않더니 결국 탈퇴하는 경우도 있었다. 낮은 성부에는 단원이 부족했기 때문에 나까지 그럴 수 없었다. 내가 빠진다고 합창반이 해체되는 것도 아닌데 쓸데없는 걱정으로 괴로운 시간을 이어갔다.

대회만 나간다면 그럭저럭 버티어 낼 수 있겠는데 교내 행사에 합창 공연은 빠지지 않았다. 하긴 학생들이 보여줄 게 무에 그리 많았으랴. 전국을 휩쓸며 독창대회에서 상을 받던 선배 언니의 공연과 몇 사람의 악기 연주가 끝나면 마무리는 꼭 합창이었다. 두어 번 꾀병을 부려 양호실에 누워 공연에 참여하지 않았다. 사실, 무대에 오르고 난 후엔 몸살을 했다.

제 서슬에 생채기를 내어 시름시름 앓던 가을밤이었다. 교회에서 성가대를 하는 소프라노 파트의 친구가 내 손을 끌었다. 전국의 내로라하는 합창단들이 큰 교회에서 경연을 한다고 했다. 별로 내키지 않았지만 끌려가다시피 따라갔다.

그날 밤, 남성합창단이 부른 〈히브리 노예들의 합창〉은 나를 완전히 바꾸어 버렸다. 교회의 높은 천장을 돌아 둥근 창문을 흔들고 다시 마룻바닥을 떨게 한 남성합창단의 볼륨감 넘치는 울림은 내 몸을 저릿저릿 아프게 했다. 가슴 밑바닥에서 차오르는 슬픔으로 눈물을 흘렸다. 그 곡은 내 설움의 뿌리를 통째로 건드리고 말았던 것이다. '내 마음아 금빛 날개를 타고 멀리 날아보라' 히브리 노예들처럼 날개를 달고 현실을 떠나 멀리 날고 싶었다. 하루하루 지쳐가는 내 처지가 가여워 금빛 날개가 필요했다. 히브리 노예들이 자유를 갈구하며 고향인 예루살렘으로 날아가고자 하는 그 슬픈 노래가 왜 나에게 위로가 되었는지 알 수 없었다.

음악 선생님께 부탁하여 베르디의 오페라 〈나부코〉 음반을 빌려 친구네 새로 산 전축에 걸어 두고 거의 매일 들었다. 학교가 파하면 이 곡을 듣고서야 집으로 갔다. 베르디의 오페라 나부코 중 3막에 나오는 〈히브리 노예들의 합창〉을 들으면 애절함을 넘어 사무치는 그리움까지 전염이 되는 듯했다. 고등학생이 된 후 처음으로 평온함을 느꼈다. 그 곡을 듣고 있으면 내 몸은 깃털처럼 가벼워 소리의 결을 따라 어디든 날아갈 수 있었다.

합창은 자기를 죽이고 상대를 살리는 일이라고 선생님은 늘 강조하셨다. 자신의 소리는 물론 다른 사람의 소리를 잘 들을 줄 알아야 조화로운 곡이 된다고 수시로 하신 말씀을 무시했었다. 무지함의 소치였다. 내 소리가 마음에 들지 않는다고 입만 벙긋거린 것을 후회하고 또 후회했다. 합창반으로서 마지막 연주가 된 무대에서 처음으로 목을 빼고 지휘봉을 바라보았다. 선생님과 눈도 마주쳤다. 내 소리는 물론 남의 소리도 귀를 활짝 열고 들었다. 아, 그 미묘한 화음. 남성합창단이 교회의 천장을 휘감아 울리던 바로 그 소리였다.

아무도 내게 '너는 못난이'라고 손가락질을 하지 않았는데 내 이름이 처음부터 '못난이'인 줄 알고 살았다. "알토로는 네 목소리가 딱 어울려." "음이 낮을수록 하나님과 가까이 가는 소리야." 그런 칭찬의 말이 다 거짓인 줄 알았다. 내 안에 깊숙이

자리한 아둔한 성향이 합창을 하면서 드러나게 될 줄이야.

〈나부코〉 음반을 돌려주러 간 날, 선생님과 함께 합창공연을 보러갔다. 돌아오는 밤길은 그림자가 선명했다. 선생님께선 열엿새 달이 보름달보다 더 밝은 법이라고 웃으며 달을 가리키셨다. 내 안의 욕심을 드러낼 수 없었기에 허기가 졌던 합창반 시절은 그렇게 끝이 났다.

합창은 삶의 모습과 닮아 있다. 다른 사람의 소리를 세심하게 들어주는 여유와 배려, 그건 우리의 모습이기도 하니까. 나를 살짝만 죽여주면 상대방이 분연히 살아 움직여 세상을 구하는 것이 합창이고 그 또한 우리네 삶이다. 서로를 보듬어 주듯 아우르는 맛이 있는 합창곡을 좋아한다. 그것도 남성합창의 풍부한 울림이 있는 연주회를 목마르게 기다린다.

전설의 남성합창단인 돈 코사크 합창단의 내한 공연을 보면서 아카펠라로 뿜어내는 그로테스크한 창법에 홀려 목이 메었다. 낮은 소리는 장대하고 고음은 비 갠 하늘처럼 영롱했다. 그들은 앙코르 곡으로 〈선구자〉를 불렀다. 옛날과 달리 남의 소리를 듣는 데 능숙한 나도 기립박수를 보냈다.

'내 마음아 금빛 날개를 타고 멀리 날아보라' 지금도 그 첫 소절만 나오면 쿵 소리가 나도록 가슴이 내려앉는다.

가면무도회

'얼쑤~' 온몸을 힘차게 던진다. 높이 뛰어오르니 절로 가벼워진다. 튼튼하던 허벅지가 물렁해지고 종아리 살도 빠져 본때없이 변해 가는데 무슨 조화 속인지 알 수 없다. 다리에 점점 힘이 오른다. 하늘을 가르고 땅을 두드리며 한판 신나게 놀았다. 탈춤을 배우러 다니는 엿새, 나는 완전히 다른 사람이었다. 탈을 썼다는 이유만으로.

농촌 지역에서 '신명 나는 우리 춤' 강사를 하는 지인이 이번에는 마을 사람들과 탈춤을 추기로 했단다. 대학 탈춤 동아리를 찾아가 제대로 배운다기에 선뜻 따라나섰다. 마치 이런 날이 오기를 기다렸다는 듯이.

일찍부터 탈을 쓰고 싶어 조바심을 태웠었다. 열한 살 늦가을, 귀 위로 댕강 머리를 자르고 학교를 갔다. "오늘 보니, 너

참 못생겼다." 뒤에 앉은 남자아이가 예전부터 하고 싶은 말이었다는 듯 툭 던졌다. 휘익, 얼굴로 겨울 삭풍이 지나갔다. 그 며칠 전, 개천예술제 백일장에 나가 촉석루 마루에 나란히 앉아 글짓기를 했던 사이였다. 녀석에게 특별한 감정이 있었는데. 난생처음 가면무도회를 생각했었다.

엄희자의 만화 속 가면무도회장은 나를 홀렸다. 왕궁의 화려한 샹들리에와 비단 커튼, 그리고 허리가 잘록한 드레스와 남자들의 멋진 턱시도는 불가능한 것을 향한 도전적 꿈이었다. 무엇보다 가면을 쓴다는 사실이었다. 만화책을 지치도록 보면서 어느새 무도회의 주인공이 되어갔다. 언젠가 가면을 쓰고 그 녀석을 향한 앙갚음의 기회가 오리라 믿어 의심치 않았다.

탈춤이 무엇인가. 양반의 위선을, 가부장적 남성의 횡포를, 사회제도의 모순을 풍자와 해학으로 만천하에 고발하는 것이다. 탈춤에는 그 시대의 혁명적인 철학이 담겼다. 남을 배려하고 소외된 사람도 섬김을 받는 사회를 만들어 가고 싶은 열망도 숨어있다. 그 모든 것을 웃음과 해학으로 승화시킨 것이 탈춤이다. 그런데 나는 다른 사람이 되고 싶어 탈을 쓰고 온몸을 던져 혼자 흥을 돋운다. 앗다 봐라! 못난이라고 거침없이 말하는 자신만만한 녀석에게, 내가 기대에 전혀 미치지 못해 찡그린 얼굴을 하던 창창하게 푸르던 젊은 남자에게 보란 듯이. 매일 탈을 바꿔가며 그렇게 빠져들었다.

내 안에 숨은 삿된 것들이 탈을 쓰고서야 그 본성을 드러냈다. 엉덩이가 절로 실룩거리고 어깨를 활짝 펴 날아올랐다. 눈은 희번덕거리고 목덜미가 뻐근해지도록 목을 뒤로 젖히기도 했다. 얼굴에 화기가 돌았다. 무슨 좋은 일이 있느냐고 인사를 받기도 했다. 날이 갈수록 뼈와 근육이 어깃장을 놓는 나이에 전혀 예상치 못한 몸의 반응이었다. 아니 꾸덕꾸덕 말라가던 욕망이 되살아났다.

시골의 오일장을 지나다 참기름 한 병을 샀다. 주름이 깊은 할머니의 온화한 표정이 '진짜 참기름'임을 증명하는 보증서로 보였다. 그런데 이 일을 어찌할까. 위에만 살짝 참기름이었고 병 아래쪽은 이상한 냄새까지 났다. 닷새를 기다려 시골장을 다시 찾았다.

"아이고 얄궂애라, 우리 먹을라꼬 짠 참기름인데 그랄 리가 있나. 다른 데서 샀겠제. 잘 생각해 봐라."

정색을 하며 오리발을 내밀었다. 미얄할미탈처럼 푸근하던 주름살이 갑자기 무서웠다. 탈을 확 바꾸어 버렸다. 집 앞 난전에서도 여든이 다 된 할머니께 속은 적이 있다. 팥을 한 되 샀는데 아무리 삶아도 돌처럼 단단했다. 알고 보니 가짜였다.

"보래이, 오데서 덤터기를 씌우노, 내가 늙었다고 몰캉하게 보이나? 그라다가 천벌 받는데이."

오히려 내가 천벌 받을 사람이 되고 말았다. 주름살은 나이

테가 아닌가. 시간의 부름켜를 신뢰의 척도로 삼았던 나는 허탈했다. 나이를 앞세워 때론 측은지심의 가면을, 그러다 덕지덕지 욕심이란 것을 붙이기도 하고 성자의 얼굴도 한다. 순식간에 가면을 바꿔 쓰는 중국의 변검 마술과 같았다. 하긴 나 또한 수시로 탈을 바꾸어 쓰는 광대이긴 마찬가지이다.

뮤지컬 〈오페라의 유령〉을 보기 위해 서울을 들락거린 것도 가면무도회 장면 때문이었다. 무대장치나 배우들의 의상이 화려하기 그지없다. 별의별 가면이 다 등장한다. 그들은 외친다. '세상이 널 알아 볼 수 없게 얼굴을 가려!' 그리고 이어진다. '내뱉는 거짓말들, 곁눈질과 탐욕의 눈길, 노래하고 춤추며 도망쳐서 숨어라.'고 한다. 그 말에 힘입어 가면무도회장에 슬쩍 내 인생을 얹어 보았다. 구경꾼이 아니라 배우가 되고 싶은 내 몸을 들쑤셔 놓았다. 열에 들떠 제대로 숨을 쉴 수가 없었다. 관객들 또한 가면무도회장의 현란한 춤, 달콤한 노랫말에 빠져 환호와 박수를 보냈다.

공연장을 나오니 로비에 주인공이 썼던 하얀 가면이 전시되어 있었다. 무대 위로 뛰어 올라 쓰고 싶었던 그 가면이었다. 포스터에도 내가 산 공연 티켓에도 가면이 그려져 있었다. 그러고 보니 나 또한 진실은 외면하고 가짜에 탐닉하였다. 공연장에서도 〈오페라의 유령〉이 주는 메시지는 저버리고 가면만을 보았다.

내가 만난 사람들에게 가면을 골라 씌워본다. 썩 잘 어울린다. 그들도 저 아닌 누군가가 되고 싶어 했던 약한 존재라는 걸 수많은 가면을 써 보고서야 알았다. 세상은 가면무도회장이다. 모두들 가면 하나쯤은 있다. 다만 그 내밀한 꾐에 빠지면 헤어나기 어렵다. 독소가 숨어 있으니까.

탈춤이 가진 철학과 해학이 빠진 내 몸짓은 허깨비 놀음이었다. 탈을 벗어던지는 날 부끄러웠다. 잘난 척, 안 그런 척, 못 이기는 척, 온갖 척을 위해 다른 사람들이 눈치챌 수 없게 가면을 바꿔 쓰고 살았으니 나야말로 변검에 통달했다. 그러고 보면 관용이나 아량은 세월이 간다고 저절로 몸에 배는 것이 아니다. 부단한 노력이 필요하다.

'얼쑤~ 절쑤~ ' 엿새 동안 도약을 거듭했으나 덫에 걸린 채 바둥거린 꼴이 되고 말았다.

신기료장수

기루씨가 사라졌단다. '기루씨…?' 느닷없는 친구의 전화를 받고 잠시 머릿속이 하얗게 되었다. 서둘러 외출 준비를 마치고 스팽글 달린 새 구두를 꺼내려던 참이었다.

"어디로 간 줄 너 알지?"

높은 담장 아래 붙박이로 있어야 할 그가 영영 없어졌다고 괜히 나한테 까탈을 부렸다. 그제야 '아하' 하고 그 남자가 생각났다. 고향 갈 일이 없어진 이후로 까맣게 잊고 있었다. 그렇다면 당연히 은퇴한 것이 아니냐고 말을 자르고 싶었다. 하지만 오랜만에 진주의 옛 동네를 다녀오는 중이라며 실의에 빠진 목소리가 전화선을 타고 그대로 전해졌다.

옆에 있던 찐빵가게도 그대로이고 골목 안 비빔밥집도 아직 성업 중인데 마땅히 있어야 할 기루씨가 없다는 것이 말이 되느냐고 따지듯 물었다. 나는 왜 말이 안 되는지 몰라 그냥 듣기만 했다.

신기료장수인 그 남자, 시장 입구 높은 건물 담장에 기대어 족히 사십 년은 보냈을 것이다. 널따란 소가죽 판을 올린 넓적다리에 고무신이든 운동화가 되었든 얹히기만 하면 벌어진 입도 꾹 다물어지고 들고 일어나던 신발 바닥도 아귀 맞게 제자리를 잡았다. 오래 신어 쭈그러든 주름 잡힌 구두가 반주그레한 얼굴로 새것처럼 변신을 하기도 했다.

신기료장수는 비바람 피할 곳도, 햇볕 가려줄 지붕도 없는 길바닥에서 그렇게 긴 세월을 보냈다. 낡은 연장통, 오래 써서 반질반질 닳은 징걸이와 신발을 눌러주는 쇠받침대가 전부인 그의 재산 옆에는 너저분한 신발들이 온갖 냄새를 풍기며 쌓여 있었다.

"우리 비닐 구두를 기루씨가 얼마나 매끈하게 잘 고쳤니. 너는 발바닥이 넓어 김밥 옆구리 터지듯 자주 터졌어! 알지."

내 걸음걸이가 바르지 못해 한쪽만 뒤축이 심하게 닳기도 했단다. 생경한 일이다. 나도 기억 못하는 일을 그녀는 어제 일처럼 주섬주섬 주워섬긴다.

첫 직장을 갖게 되어 처음으로 구두를 맞추었다. 시내 번화가에 자리 잡은 미도양화점. 그 가게의 쇼윈도우에 전시된 화려한 구두에 마음이 쏠려 거금을 들여 가죽구두를 맞춰 신었다. 난생처음이었다. 유행을 따라 앞코를 뾰족하게 올려 모양은 그럴듯했다. 그런데 볼이 넓고 발등이 높은 내 발은 불편함을 넘어 고통스럽다고 하소연을 했다. 출근길에 많이 걷고 때론 뛰어다녀야 했던 나는 미련 없이 반들거리는 가죽구두와 이별을 고했다.

가죽구두 대신 합성 피혁으로 만든 기성화를 신고 버스 통근을 했다. 차에서 내리면 자갈길도 걷고 진흙길도 걸어야 했다. 덕분에 굽은 자주 닳고 여기저기 실밥이 터지는가 하면 얇은 비닐막이 벗겨지기도 했다. 같은 버스로 통근을 하던 친구랑 나는 기루씨의 단골이 되었다.

처음엔 깍듯이 '신기료장수'였다. 그러다 혀끝을 말아 '료'발음 하기가 귀찮아져 우리 멋대로 '신기루장수'라고 불렀다. 벗겨진 뒤축에 구두약을 발라주는 공짜 서비스를 받는 날이 많아지자 '신기루아저씨'가 되었다. 터진 곳에 몇 번의 박음질 정도는 굳이 돈을 받지 않아 그 보답으로 갓 구운 센베이 과자나 꿀호떡을 사서 같이 먹으면서는 그냥 기루씨로 불렀다.

겨울이면 양지바른 쪽으로 옮겨 앉고 여름이면 낡은 우산 하나로 겨우 햇볕 한 줌을 가려가며 그 자리를 지켰다. 그는 사연 많은 신발들을 종일 깁고 두드리며, 징을 박거나 밑창을 갈아 어연번듯하게 세상으로 내보냈다. 가장 낮은 곳에서 제 직분을 다하느라 냄새에 절고 세상의 먼지를 둘러쓴 신발을 정성껏 다루는 기루씨의 손은 겸허했다. 언제나 신발보다 더 낮은 자세로 온갖 신을 섬겼다.

그의 굳은살 박인 커다란 손의 위력이 두루 소문을 타면서 멀리서도 헌신짝들이 줄줄이 담장 밑으로 찾아왔다. 기루씨의 넓적다리 위에는 온갖 신들이 강림을 했다. 어머니 고무신과 동생들의 운동화, 아버지가 아끼는 신세계백화점표 구두도 그곳에 오르면 새롭게 탄생했다.

"신神을 믿으세요?"

"고무신, 짚신, 가죽신, 나막신 다 믿지요."

우문에 현답을 하던 기루씨가 분명 '고쳐요.'라고 했을 텐데 '믿지요.'로 들렸던 지난날들이 점점 선명해졌다.

전화 받기가 지루해져 신기루는 사라지는 것이라고 잘라 말했다.

"그곳이 사막이야, 북극이야?"

아, 맞다. 우린 통근 버스 속에서 신기루 현상에 대해 수없이 이야기를 했었다. 과학 교사인 그녀는 빛의 굴절에 대해 그림까지 그려가며 내 이해를 도왔다. 북극의 신기루는 사막의 그것과 다르다고. 생전에 꼭 가보고 싶은 곳 중의 하나라고 강조를 했다.

고비 사막에 갔을 때는 푸른 호수가 줄지어 나타나는 신기루 현상을 보고 버스에서 내려 사막 가운데를 끝없이 달려보았다. 그때, 징걸이에 거꾸로 매달린 내 구두를 탁탁 두드리던 기루씨의 모습이 잠깐씩 보였었다.

고향을 떠나와 살면서도 친정집을 갈 때면 일부러 그 길을 지났다. 그는 내 신발을 벗겨 구두약을 칠해 윤이 나게 닦아주었다. 흰수염이 거칠게 나고 더부룩한 검은 머리가 백발로 바뀌었을 뿐 한동안 그 자리를 지켰었다. 낡고 해진 것들 사이에서 서서히 늙어 가는 그의 모습은 낙타를 타고 타르 사막을 여행할 때도 희미하게 보였었다. 기껏해야 사막에서나 그의 존재 유무를 잠깐 궁금해했을 뿐이다. 신기루가 사라진 것은 당연한 일인데 어쩌란 말인가.

"신기루가 아니라 오아시스를 찾아갔단 말이야."

진작 그렇게 말했다면 마른 침을 삼키지 않았을 텐데. 그야 그렇지. 고향은 노년을 바라다보는 사람들에게 오아시스가 아닌가. 기루씨는 길 위의 사람들에게 구멍 난 인생을 감쪽같이 기워주고 긁히고 상처 난 곳을 깨끗하게 치유해 주었으니 험난한 인생길을 지나온 사람들에겐 오아시스였다.

친구의 오아시스 이야기에 가슴이 싸해져 순한 마음이 되었다. 요새 신기료장수가 성업하는 데가 어디 있냐고. 모두 구두종합병원으로 업그레이드됐다고 달래본다.

"왜? 신기료장수가 어때서. 떡 벌어지게 잘 차려놓으면 그게 무슨 신기료장수야."

처음보다 기운이 빠진 목소리다. 하긴 지붕 있고 문턱을 넘어야 하는 가게라면 신을 섬길 수는 없을 것이다.

긴 장마가 계속되면 기루씨가 징검징검 보였다. 매서운 북풍이 불고 한파가 기승을 부리던 정월에도 여러 날 부재중을 알렸다. 맑은 날, 그가 보이지 않았다면 집안에 큰일이 있거나 자신이 아픈 날이었다. 그럴 때 우리는 '있다 없다'가 아니라 '나타났다 사라졌다'로 표현했다.

이번에는 내가 목소리에 리듬을 실어 물었다.

"너 북극은 다녀왔니? 북극에서 신기루 현상은 어땠어."

전화기 저편에서 아무 말이 없다. 조금 거친 숨소리가 들리더니 바짝 톤이 올라간 소리로 말했다.

"북극 다녀와서 기루씨 만나러 같이 가자."

조용히 수화기를 놓았다. 신기루 현상에 대해 과학 선생인 그녀는 거꾸로 생각하고 있는 것 같았다. 지나칠 만큼 말이 없는 기루씨도 그녀 앞에서는 벙싯벙싯 웃고 농담도 했다. 같이 통근하던 다른 선생님들의 신발까지 다 거두어 고쳐다 주던 열성을 모르는 바 아니지만 기루씨를 찾아보자는 말에는 공감이 가지 않았다. 그가 아직도 입 벌어진 구두를 손가락 찔려가며 박음질하고 있어야 옳은가 말이다. 외출 준비를 마치고 스팽글 달린 새 구두를 꺼내던 순간에 받은 친구의 전화는 시간을 획 돌려놓았다. 약속 시간이 얼마 남지 않아 급히 구두에

발을 넣는 순간 전화벨이 요란하게 울렸다. 나는 현관문을 밀었다.

아직 존재 증명이 필요한 친구에겐 기루씨의 부재가 낯설고 서글픈 일임에 틀림없을 것이다. 그녀는 지금 기루씨를 찾자는 것이 아니다. 고향마을에 남아있어야 할 우리들의 이야기가 신기루처럼 사라지는 데 대한 허탈함이 짙게 그녀의 몸을 휘돌고 있는 것이다.

무시루떡

아래층의 새댁이 예쁜 대바구니를 안고 왔다. 뚜껑을 열어 보니 팥고물이 수북한 시루떡이 군침을 돌게 했다. 얼른 한쪽 귀퉁이를 떼어 입안에 넣었다. 쫀득하고 달크무레한 무시루떡이었다. 가지산 아랫동네에 살고 있는 그녀의 시어머니께선 가을무를 뽑으면 큰 옹기 시루에서 직접 쪄낸 무시루떡으로 동네잔치를 한다고 했다. 봄에는 쑥떡을, 여름에는 빨간 앵두를 들고 왔었다. 얼마 전에는 감을 무겁게 안고 오더니, 요즈음 맛보기 어려운 무시루떡까지.

이웃을 잘 둔 덕분에 산골 동네에서 나는 귀한 것들을 우리 식구들이 골고루 맛보고 있다. 엄마를 따라온 유치원생 아들이 치마꼬리를 잡고 빵을 사러 가자고 칭얼댔다. 하긴 애들이 무시루떡을 먹을 리 없지 않은가. 덕분에 그 집 몫까지 우리

차지가 되어 묵직한 바구니가 오달졌다.

시월상달에 나는 무를 가늘게 채 썰어 쌀가루와 고루 섞고 두툼하게 팥고물을 뿌려 쪄낸 무떡이야말로 별미다. 가을무는 맛도 좋지만 소화도 잘 되어 어린 시절, 김장이 끝나면 어머니도 무시루떡을 쪄 주었다. 무떡은 은근한 끈기가 입맛을 돋운다. 집집마다 장독대가 사라지고 아파트 생활에 익숙한 이 시대에 질박한 옹기시루에서 쪄낸 떡을 먹게 되다니. 담장 너머가 아닌 계단을 오르내리며 작은 것도 나누는 후덕한 성품의 새댁에게 잘 먹겠다고 깊숙하게 허리를 굽혔다.

시어머님도 떡 방앗간을 믿지 못해 그 많은 제사에도 손수 떡을 만들었다. 시루 밑바닥에 기름 바른 백지나 칡덩굴을 깔고 그 위에 쌀가루를 안쳐 솥 위에 떡시루를 올려놓는다. 그리곤 시루와 솥 사이가 뜨지 않도록 반죽된 밀가루로 밀봉을 할 땐 틈이라도 생길까봐 꼼꼼하게 막음을 한다. 그리고 아궁이에다 깨끗한 솔가지랑 솔잎을 활활 태워 시루에 김을 올려 푹 익힌다. 떡을 싫어하는 우리 아이들도 할머니표 떡은 곧잘 먹었다. 그건 떡시루의 신통력 때문이었다.

가족들의 생일이 돌아오면 나이 수만큼의 대추를 넣어 시루에서 쪄낸 백설기를 잊을 수 없다. 양과점의 요란한 케이크에 비교도 안 될 만큼 멋진 생일 떡이었다. 어찌 생일뿐인가. 계절에 따라 호박시루떡, 감시루떡, 콩설기며 쑥설기를 하기에 우리 집 시루들은 그때마다 제 소임을 다하였다. 거칠고 투박한 시루의 표면에 옹기장이가 손가락으로 쓱쓱 그려 넣은 곡선과 몇 개의 직선을 보는 재미도 쏠쏠했다.

도시의 아파트엔 장독 대신 플라스틱 김치통이 선을 보인 지 제법 오래되었다. 나는 알 수 없는 위기의식을 느끼곤 한다. 장독대가 사라짐은 흙과의 거리가 멀어진다는 것이다. 인간은 흙과 가장 가깝게 살아왔고 그 흙으로 생활터전을 이루어왔다. 대부분의 질그릇이 발효식품이나 저장식품을 담는 용기이지만 이 시루는 음식을 만드는 기구라는 점에서 특별히 정이 간다. 음식 문화가 바뀌어도 집집마다 떡시루 하나쯤 장독대에서 제자리를 온전하게 차지한다면 얼마나 좋을까.

경주의 고분에서 아가리가 크고 밑에 구멍이 여러 개 뚫린 토기가 발견되었는데 학자들은 떡을 찌는 시루라고 했다. 신라시대에 이미 떡을 만들어 먹었다는 증거가 된다. 신라시대가 아니라 벼농사가 시작된 그때부터 시루는 있었을지도 모르겠다.

쌀이 주식인 우리들에게 떡은 대표적인 한국 음식이요, 떡 중에서도 가장 대표적인 떡은 역시 시루떡이다. 떡 타령에 나오는 수십 가지 떡 중에서 제일 먼저 나오는 것이 시루떡이요, 제일 많이 나오는 것도 시루떡이다. 추수에 대한 감사와 한 해의 안녕을 빌기 위해 신께 바치는 제사나 정월 보름에 성황당이나 물가에서 다가올 한 해의 재앙을 없게 해 달라고 바치는 떡도 시루떡이었다. 온갖 잔치도 떡시루에 김이 무럭무럭 올라야 비로소 기쁨에 도취되었다. 쌀을 불리고 절구로 찧고 체로 치는 과정에서 우리 조상들은 음식에 대한 깊은 정성과 신께 감사하는 순박하고 참된 마음을 나타내었다.

시골집의 장독대에는 아직도 크고 작은 시루들이 버티고 있다. 다섯 개의 커다란 구멍을 하늘로 향한 채 엎디어 있는 모습이 측은하다. 큰 것은 큰 것대로 작은 것은 작은 것대로 집안의 대소사에 빠짐없이 참여했었다. 하지만 어머님 돌아가신 후 제 구실을 하지 못하고 그저 장독대만 지키고 있다. 대량으로 쉽게 쪄내는 방앗간에 그 자리를 다 내어준 채 그저 묵묵하기만 하다. 집안의 융성함과 함께 온갖 떡 맛을 보여준 그 세월을 잊지 못해 큰 구멍마다 서러움 가득이다.

뜰이 있는 집에 살게 되면 햇볕이 종일 들고 바람이 잘 통하는 곳을 잡아 꼭 장독대를 만들어야지 다짐했었다. 채송화, 봉숭아, 맨드라미 같은 정겨운 꽃을 심고 질그릇도 즐비하게 놓아두고 싶었다. 복스럽게 생긴 장독을 비롯해서 올망졸망한 단지며 물버지기, 자배기와 뚝배기까지 있다면 내 삶은 탱탱하고 윤택하리라. 물론 떡시루 두어 개도 있어 가끔은 떡을 쪄서 가족들의 생일상에 올려놓고 흙과 가까운 생활을 하고 싶었다. 하지만 아파트 창을 통해 세상을 바라보는 일에 어느새 길들여지고 말았다. 마당이 있는 집을 갖는 것은 아직도 작은 소망으로 남아있을 뿐이다.

그런데 웬 횡재란 말인가. 지금 아파트의 거실에 앉아 문수산을 바라보며 무시루떡을 먹고 있다. 그것도 옹기 시루에서 쪄낸 따뜻한 떡을. 켜켜이 뿌려진 팥고물 덕분에 입안 가득 즐거움을 준다. 나는 지금 장독대 옆에 햇살을 받고 앉아 있는 기분이다. 무시루떡은 아무래도 본향을 그리는 맛이다.

택호

시골에 사는 형님이 택호를 받아 '청송댁'이 되었다. 떡과 술을 정성껏 마련하여 택호식을 치르고 온 마을 사람들로부터 인정을 받았노라고 했다. 얼굴은 상기되었고 목소리에 잔뜩 밝은 기운이 묻어났다.

청송은 물 맑은 고장이다. 달기 약수로도 이름난 곳이다. 주왕산은 수많은 계곡을 품고, 가을이면 온 산을 수놓는 단풍과 사과향기가 풀풀 풍기는 고향을 떠올리며 살아갈 형님이 새록새록 부러웠다. 그러니까 시댁 동네에서 형님은 명실공히 청송을 대표하는 인물이 되었다.

시댁이 있는 마을에서 나는 오랫동안 위양댁 둘째며느리였는데 이제 호칭이 바뀌었다. 자연스럽게 청송댁의 동서로 남편은 청송댁 시동생으로 불린다. 어머님이 돌아가시고 난 후

형님이 집안의 대들보가 되었다. 형님과 연결되어 있던 가느다란 끈이 튼튼한 동아줄로 바뀐 셈이다. 초등학교를 다니던 딸아이의 과제 중에 '나의 뿌리 찾기'라는 것이 있었다. 그런데 인쇄된 종이의 할머니 이름 난에 '위양댁'이라고 반듯하게 써넣은 것을 보고 모두 웃었던 적이 있다. 위양댁은 시집을 왔기 때문에 부르는 이름이고 '김현주'라는 진짜 이름이 있다고 했더니, 할머니 이름이 왜 이렇게 예쁘냐고 의아해했다. 딸이 생각하는 할머니 이름이란 것은 어떤 기준이었을까?

여자는 결혼을 하고 할머니가 되면 이름이 두 개가 된다는 사실을 몹시 재미있어 하는 바람에 엄마도 나이가 들면 '진주댁'이란 이름을 갖게 될 거라고 호언을 했다. 그게 언제쯤이냐고 자꾸 묻기에 네가 결혼할 때쯤이라고 말했었다. 그런데 딸아이의 나이가 그 결혼 적령기를 넘기고 말았다. 그래서일까. 부쩍 진주댁이 되고 싶다.

진주댁이라 불린다면 남강을, 뒤벼리의 풍광을, 복숭아꽃이 지천이던 너른 도동 벌판을 그려 볼 수 있을 것이다. 어릴 적 동무들의 이름을 하나하나 기억해 낼 수 있지 않을까 설레기도 하다. 만화가를 꿈꾸던 친구 미라를 갈래머리 소녀로 만날 수 있고 제 키만 한 첼로를 들고 다니던 얌전한 순임이도 금방 떠올릴 수 있다. 무엇보다 세월의 더께를 한 꺼풀씩 벗겨가는 시간 여행도 가능할 것이다.

아이들이 위양댁 손자라는 이름을 달고 들판을 뛰어다니던 그때는 우리의 중심에 항상 어머님이 계셨다. 아버님은 위양 양반으로 통하다가 연세가 많아지자 위양 어른으로 승격되셨다. 장가 든 마을이 어디인가를 평생 기억하라는 뜻이다. 택호를 받으면 집안 살림의 주체는 여자가 되고 남자는 한 걸음 물러서게 된다. 택호가 가지는 미덕이다.

어머님은 위양댁이란 택호를 얻음과 동시에 무거운 짐도 함께 져야 했다. 위양이란 태어난 자리를 잊지 않고 불러주는 대신, 고향을 값지게 하기 위해 온 힘을 쏟아내느라 주름이 늘고 손은 부르트고 허리는 점점 굽어졌다. 종부로서 다달이 제사를 지내는 것은 기본이며 식구들의 의식주를 챙겨야 했다. 돌아가시는 날까지 50여 년 시집살이를 했고 할아버님은 물론 육남매의 버팀목 역할을 하셨다. 밭일을 위해 매일 꼭두새벽에 언덕을 넘었고 곳간에 많은 씨앗을 갈무리하기 위해 쉴 틈이 없으셨다. 장독간에는 사철 장이 익고 뒤란 텃밭에서 온갖 채소를 가꾸어 밥상에 올리셨다. 위양이란 동네 이름으로 단단하게 포석을 깔되 그 안에서 많은 것을 창조해 내야 했다. 그런 어머님 덕에 위양댁 둘째며느리란 이름은 자랑스러웠다.

결혼 후 시할아버님은 나를 진주애기라 불렀다. 할아버님이나 아버님이 불러주던 진주애기는 금방 잊혔다. 아이들이 자라 성인이 되었다. 이제 누구 엄마가 아니라 더 늦기 전에 진주댁으로 살고 싶다. 그러나 아파트 문을 굳게 닫고 사는 도시에서 택호가 있다 한들 누가 불러줄 것인가.

시할머님은 주남댁이다. 가끔 돌아가신 할머님의 택호가 사람들의 입에서 오르내리기도 한다. 죽어서도 여자는 택호로 불리는 걸 보면 여자의 뿌리 찾기는 혈연이 아니라 택호인 모양이다. 주남댁에서 위양댁, 그리고 청송댁으로 이어지는 우리집 여인들은 각각 다른 동네에서 옮겨와 한 곳에서 숲을 이루었다. 모두 튼실한 곁가지를 뻗어 올곧게 살았다. 이쯤에서 나도 슬쩍 그 곁에 뿌리를 내리고 싶다.

결혼 후 나는 시댁 식구들과 어울리지 못했다. 사람과의 관계를 유연하게 맺지 못하는 약점을 가진 탓에 복잡하게 얽히는 것이 두려워 몸과 마음이 자꾸 굳어졌다. 그런 상황을 받아들이지 못해 자주 앓았다. 겉돌기만 하는 며느리가 안타까워 아버님은 내게 긴 편지를 보내셨다. 나무를 옮겨 심어 그 뿌리가 잘 내리기 위해서는 시간이 필요하니 너무 힘들어 하지 말라는 격려였다. 그러나 너무 오랜 시간이 걸리지 않았으면 좋겠다는 당부의 말씀도 빠뜨리지 않으셨다. 친정아버지보다 더 살뜰하게 대해주셨던 아버님이 돌아가셨다. 아버님의 말씀처럼 긴 시간이 필요했다. 이제 진주애기가 아닌 진주댁이 되어서 아버님의 당부를 실천하고 싶다.

친정의 증조할머니는 진사댁이었고 우리 어머니는 아버지

가 잠깐 면장을 했다는 이유로 면장댁으로 불렸다. 앞집 은순이 엄마는 약국댁, 시집올 때 노비까지 따라왔다던 솟을대문집 종부인 호호백발 할머니는 참의댁, 친구네 엄마는 교장댁으로 통했다. 그런데 이런 택호는 여자가 주체가 아니라 순전히 남편에 의해서 얻은 택호다. 인습이나 틀에 매인 이런 택호는 별로 귀하지도 않고 남편 덕에 사는 느낌이 강하다.

청송댁이 있어 빛이 나는 마을, 화산댁 고추 농사가 풍년이 되고 돌당댁 아들이 효자라고 이름난 마을에선 여자들이 제 몫을 하고 마을의 역사를 이어간다. 내동 양반이 이장을 하고 대현댁 큰아들이 새로운 기술로 농사짓는 곳이 시댁 마을이다. 그 동네에서 나고 자라 이웃의 잘생긴 남자와 결혼해 평생 마을을 지키는 본동댁은 나이 들어도 곱기만 하다. 이름도 별이 쑥 들어와 사는 광천골이다.

술과 떡을 장만하여 마을 사람들에게 신고를 하면 진주댁으로 인정해줄 곳을 찾아가고 싶다. 대문 열어 놓고 사는 마을, 이웃끼리 택호를 불러주는 곳에 산다면 남편은 진주 양반이 되겠지. 진주댁, 그렇게 불린다면 어머님처럼 가족을 위해 모든 것을 희생할 수 있을지 그건 장담하기가 힘들다. 택호에 대한 욕심만 앞서 고향 마을의 이름값을 어떻게 치르며 살아갈지는 계획하지 못했다. 생각해 보면 푸른 물줄기인 남강이 그리워 진주댁을 욕심낸 것인지도 모르겠다.

택호는 여자들에게 굴레이기도 했다. 위양댁으로 살다간 어머님의 희생으로 집안은 평안했고 그 바탕이 단단해 가족들은 크고 작은 격랑을 건널 수 있었다. 우물 속 같은 깊은 마음을 가졌던, 그래서 모나지 않고 둥글기만 했던 어머님을 좇아갈 수도 없으면서 나는 그저 헛꿈을 꾸고 있다.

만나는 사람들에게 묻는다. "택호 있으세요?" 미련을 버리지 못하고 있다.

회귀 본능

"연어가 돌아왔다!"

태화강에 연어의 회귀가 시작되었다는 소식이 연일 들렸다. 가을로 접어들어 만물이 조금씩 가라앉아 차분해지던 때였다. 그런데 연어의 회귀로 갑자기 온 동네가 술렁대기 시작했다. 11월이 되자 160여 마리가, 12월에는 600여 마리가 넘어섰다고 했다. 술렁술렁하던 기운이 갑자기 불꽃처럼 '팡 팡' 터지는 묘한 기분을 주체할 수가 없었다. 내안에서 뜨거운 기운이 치솟아 가만히 앉아있을 수가 없어 집을 나섰다. 연어처럼 힘찬 걸음으로 삼호교 아래로 갔다.

"흐르는 강물을 거꾸로 거슬러 오르는 연어들의 도무지 알 수 없는 그들만의 신비한 이유처럼" 강산에의 노래를 흥얼거리며 흥분과 기대로 두어 시간을 걸었다. 그래야만 할 것 같았다. 북태평양 너른 바다에서 삼사 년 동안 성장을 한 다음 새끼를 키울 모천을 향해 힘차게 물살을 가르며 수십 킬로미터를 거슬러 돌아오는 연어를 만나려면 그만한 정도는 걸어야 했다.

건장한 남자의 팔뚝만한 연어의 움직임이 놀랍고 신기했다. 쌀쌀한 강바람을 맞으며 서 있는데 외려 속은 뜨거웠다. 생명의 강으로 다시 태어난 태화강에 연어의 회귀로 울산을 바라보는 뭇시선이 부드러워졌다. 강원도 남대천의 연어회귀 소식을 부러운 눈으로 바라보던 내 눈빛처럼 그렇게. 그뿐이랴. 넘치는 에너지로 거리마다 밝고 싱싱한 기운이 빠르게 번져났다. 나는 물밑에서 힘찬 몸짓을 하는 연어 떼를 보며 어깻죽지가 점점 가벼워지고 발이 둥둥 떠오르는 느낌을 받았다.

언젠가 나이야가라 폭포를 거슬러 오르는 연어의 사투를 다큐멘터리로 본 적이 있다. 날개도 없는 연어는 주둥이가 찢어지고 비늘이 다 떨어져나가 피투성이가 되어도 수백 번을 날아올랐다. 포기란 없었다. 「회귀 본능」이란 숭고한 아름다움에 전율했었다. 노랫말처럼 도무지 알 수 없는 그들만의 이유가 있는 것이 분명했다.

연어만 그러할까. 사람에게도 회귀 본능은 있다. 부산시립미술관에서 김창렬의 〈물방울 특별전〉을 보았다. 그런데 대부분의 작품들이 '회귀'라는 제목이었다. '물방울'이란 대상을 통해 노작가는 자연으로의 회귀를 염원했다. 오랜 외국 생활에서의 지친 마음과 갈 수 없는 땅 북쪽의 고향에 대한 그리움을 표현한 것이다. 국제적으로 널리 알려진, 작가는 물방울처럼 투명해진 모습으로 회귀를 꿈꾼 것일까? 긴 인생의 여정을 고국을 떠나 있다가 제자리로 돌아온 작가의 내적 성찰을 가만히 들여다보았다. 그렇게 회귀는 마음을 정화시켰다.

태화강에서 연어가 떼지어 강을 거슬러 올라가는 모습을 보고 들뜬 마음에 몸 둘 바를 몰랐다. 그것이 뜨거움이었다면 김창렬의 물방울이 만들어낸 회귀는 무량수불의 세계였다. 모든 것이 무량겁, 무량광, 무량수 즉 한량없는 무량의 세계를 넘어 평안으로 승화시킨 작품들이었다.

그의 생애가 고스란히 담긴 초기작에서부터 최근작에 이르기까지 평생에 걸친 작업세계를 재조명하는 방대한 규모에 놀랍기도 했지만 기획력도 대단히 뛰어나 부러웠다. 부산시립미술관을 자주 찾는 것은 이런 전시를 언제든지 볼 수 있기 때문이다. 연중 좋은 전시회가 끊임없이 열리기에 마음만 먹으면 언제든지 찾아갈 수 있다. 하지만 돌아오는 길은 허무했다. 왜 꼭 부산이어야 하는가 말이다. 세계적인 작가들의 좋은 작품을 감상할 기회는 시민들의 권리이기도 한데 울산사람들은 너무 혜택이 없다는데 슬슬 부아가 나기도 했다.

태화강이 생명의 강으로 거듭나 수백 마리의 연어가 회귀하는 것도 반갑고 환영할 일이다. 울산사람들의 삶이 윤택해지고 질 좋은 문화와 접할 수 있는 시설이 늘어난다면 사람들은 고향으로의 회귀를 꿈꿀 것이다. 서울이나 대구, 과천과 고양, 가까운 김해나 부산의 미술관을 다녀올 때면 여러 가지 이유로 울산을 떠난 사람들을 떠올리곤 한다. 그의 뿌리는 울산 땅에 박혀있고 언제나 태화강 줄기로 뻗어 있으니까.

영주권을 얻어 캐나다 이민을 준비 중인 P 선생은 남아있는 사람들에게 자꾸 미안하다고 말한다. 그리고 나만 보면 주문처럼 되뇐다. "나, 울산사람이에요." 그녀가 큰 바다로 나가 성장을 거듭한 후 연어처럼 모천인 울산으로 힘차게 물살을 가르며 헤엄쳐 오기를 바라는 마음뿐이다. 울산에도 미술관이 들어서고 그곳에서 김창렬의 〈회귀〉가 여러 점 걸리는 날이면 고향을 떠났던 사람들이 '거꾸로 강을 거슬러 오르는 저 힘찬 연어들처럼' 보무도 당당하게 돌아올 것을 믿는다. 어쩌면 소리 없는 귀환이 이어질 것이다.

삼호교 아래에서 연어를 만나고 온 이틀 뒤에 두 개의 큰 가방을 끌고 아들이 집으로 돌아왔다. 서울에서 직장생활을 하다 무슨 바람이 불었는지 모르겠다. 얼굴에 함박웃음을 머금은 녀석은 어깨를 좍 펴고 입꼬리를 한껏 올리고 활기찬 모습으로 들어서더니 큰절을 했다. 가방을 풀어 짐정리를 하는 아들 뒤에서 회심의 미소를 지었다. 그 녀석은 온몸으로 회귀 본능을 드러내고 있었다.

5.

토마토 그 짭짤한 레시피

일찍부터 영토를 넓히고자 애쓴 스페인은 호전적인 나라다. 건강과 장수를 의미하는 토마토는 스페인 요리에서는 빼놓을 수 없다. 스페인에서 토마토 요리의 진수를 맛보고 나면 푸드득 솟구쳐 올라 식어가던 심장이 다시 뜨거워지지 않을까. 빨갛게 혹은 간간짭짤하게 그렇게.

토마토 그 짭짤한 레시피

토마토를 출고한다는 문자를 받고 농장의 홈페이지로 들어갔다. 겨울을 난 짭짤이 토마토는 그 맛이 일품이다. 부드럽게 녹아드는 약간의 짠맛이 입맛을 확 끌어당긴다. 여러 해째 단골 농장은 토마토를 수확하는 첫날, 어김없이 달달한 소식을 날린다.

유기농 짭짤이 토마토 한 상자가 생각보다 비싼 가격이었다. 한참을 망설였다. 토마토를 별로 좋아하지 않는 남편도 이것만큼은 오독오독한 맛이 난다고 접시를 말끔하게 비우곤 했다. 나 또한 탱글탱글한 육질에 반한 것은 마찬가지다. 그 간간짭짤한 맛을 입이 아니라 머리로 그리는 데도 어느새 익숙하다.

우물쭈물하고 있는 사이에 농장주 아들의 생일 기념으로 완숙 토마토를 특별가로 올렸다. 짭짤이에 비하면 값이 싸서 거저 가지는 기분이었다. 두돌잡이의 얼굴이 화면에 떴는데 오동통하고 볼그레한 볼이 바로 토마토였다. 생일을 축하하는 마음으로 마우스를 끌어다 꾹 눌렀다. 완숙 토마토 두 상자가 내게 뚝딱 떨어졌다. 또 짭짤이 토마토는 다른 사람이 맛보도록 선물용으로 두 상자를 힘껏 눌렀다.

친척언니의 신접살림을 구경하고 온 어머니는 "살림살이가 어찌나 짭찔맞은지, 아이고 너거 언니는 재주가 참 용하제." 몇 번이고 그 짭짤함을 강조하셨다. 그리고 언니가 차려내온 밥상도 아주 정갈스러웠다며 손끝마저도 짭찔맞다고 했다. 넘치지도 모자라지도 않는 야물고 옹골찬 살림과 함께 밥상도 그랬다는 뜻이었다. 그러면서 무엇이든 얼렁뚱땅 해치우는 짭짤찮은, 혼기가 꽉 찬 딸을 걱정스럽게 바라보았었다.

완숙 토마토 두 상자가 도착하자마자 대부분의 시간을 부엌에서 보냈다. '네 음식 솜씨가 그만하면 짭찔맞구나.' 살아 계셨더라면 어머니의 이런 칭찬이 듣고 싶어 '빨간 토마토 레시피'라는 요리책도 함께 구입을 했다.

익은 토마토는 육감적인 모양새와 함께 싱싱함이 넘쳐 무슨 음식을 해도 제맛을 그대로 살렸다. 주스는 기본이고 삶고 찌고 굽는 일로 분주했다. 햇양파와 부추, 신선한 들기름을 넣어 샐러드를 만들었다. 샌드위치에도 토마토는 빠질 수 없었다. 올리브를 둘러 오븐에 살짝 굽거나 치킨이나 소고기와 함께 어울려 내는 맛도 그만이었다. 해산물을 넣은 토마토스튜에도 빠질 수 없었다. 그라탱이나 피자 위에서도 컬러풀한 기운을 숨김없이 드러냈다.

풍부한 일조량을 받아 질펀한 빨강을 과시하는 토마토는 얼치기 살림꾼에게 짭짤한 재미를 가져다주었다. 슈퍼푸드의 대명사로 온 세상에 알려졌으니 식구들의 건강을 챙기는 꽤 괜찮은 주부로 보이기에도 안성맞춤이었다.

완숙토마토에 푹 빠져 외출도 뜸한데 친구에게서 전화가 왔다. 지난번 만났을 때 스페인 여행을 계획 중이라고 귀띔을 했었다. 그런데 세계적인 토마토 축제인 스페인의 '라 토마티나' 축제에 맞춰 팔월에 같이 떠나자고 했다. '라 토마티나' 축제는 120여 년을 이어온 스페인의 대표적인 축제다. 수천 명의 인파가 수백만 개의 토마토를 터트리는 그야말로 빨강이 폭발하는 축제다. 토마토를 던지고 맞는 광경이 거의 전투에 가깝다. 왜, 무엇 때문에 그 싸움판에 가느냐고 따지려다가 그만두었다.

내가 동네 축제에도 무관심한 사람이라는 것을 모르는 그녀에게 '무엇 때문에' 같은 질문은 불필요했다. 사람이 많이 모이는 곳은 일부러 피해 다니고 어깨 들썩이는 가무 현장도 맥쩍어서 싫어하는 성격이다. 흥겨운 자리도 내가 끼이면 단번에 분위기가 가라앉는다. 태생이 그러한데 축제라니 그것도 스페인까지나. 나 홀로 축제에 빠져 입과 눈, 마음도 한껏 고무되어

'라 토마티나' 같은 세계적인 축제도 시답지않게 들렸다.

토마토가 거의 바닥을 보이자 스페인식 스프를 끓였다. 내 축제의 초대 손님을 위해서다. 약간의 우울증이 찾아와 칩거 중인 인생 선배를 간곡한 뜻을 담아 초대를 했다. 된장이며 고추장 담는 법을 전수해 주었고 이해와 관용의 폭을 넓히는 기술도 그 녀를 통해 배웠다. 깊고 원만한 관계 맺기에 달인이었는데 노인이 되어가는 과정이 서러워 마음병을 얻었다. 하나씩 내려놓고 보니 살아가는 일이 새벽꿈과 같이 덧없이 느껴졌단다. 겁먹고 자신감을 잃어 세상살이마저 시들해졌단다. 그 마음 어렴풋이 알 것 같았다.

토마토 수프 한 그릇으로 공허감을 달래주고 싶었다. '빨간 토마토 레시피'의 스페인식 수프는 토마토에 여러 가지 야채를 넣은 차가운 음식이지만 나는 뜨겁게 끓였다. 토마토와 야채를 곱게 갈아 우유를 한 컵 넣고 끓이다 소금과 후추로 간을 맞추었다. 선배는 뜨끈한 끈기가 온몸을 감싸 탄성이 생긴다며 얼굴을 붉혔다. 새빨간 수프를 나누어 먹은 공감의 연대를 형성했으니 축제는 성공적이었다. '라 토마티나' 같은 빨강이 폭발하는 축제가 아니라 그 빨강을 가만가만 어루만지고 달래고 가라앉히는 내 축제도 수프를 끝으로 막을 내렸다.

오랜만에 농장 홈페이지로 들어가 본다. 아하, 끝물 짭짤이 토마토가 값이 확 내렸다. 얼른 한 상자를 찜한다. 여름을 맞이

하려면 이 찰토마토를 좀 먹어줘야 할 것 같다. 완숙토마토와 달리 생으로 먹는 그 맛을 즐기고 싶다.

일찍부터 영토를 넓히고자 애쓴 스페인은 호전적인 나라다. 건강과 장수를 의미하는 토마토는 스페인 요리에서는 빼놓을 수 없다. 스페인에서 토마토 요리의 진수를 맛보고 나면 푸드득 솟구쳐 올라 식어가던 심장이 다시 뜨거워지지 않을까. 빨갛게 혹은 간간짭짤하게 그렇게.

장마

– 복숭아

비는 여러 날 계속 내렸다. 비를 피해서 이사를 할 수가 없을 만큼 우린 절박했다. 아버지랑 이삿짐을 실은 트럭이 먼저 떠나고 우리는 뒤벼리 고개를 넘어 걸어서 가야 했다. 빗줄기가 굵어 우산도 별 소용이 없었다.

언덕에는 복숭아밭이 펼쳐져 있고 주렁주렁 달린 복숭아는 애기 주먹만큼 컸다. 한입 베어 물면 입가로 단물이 주르르 흐르는 수밀도였다. 가던 길을 멈추고 복숭아에 코를 가져다대곤 했다. 그럴 때마다 어머니가 내 손을 힘껏 잡아당겼다. 등에 업힌 막내를 보호하려고 안간힘을 쓰다 보니 어머니는 진작 비에 흠뻑 젖어 있었다. 두 여동생의 손을 잡고 복숭아가 익어가는 그 언덕길을 넘었다.

아버지의 사업실패로 쫓기듯 고개 너머에 있는 허름한 셋방으로 이사를 했다. 지붕은 낮았고 쪽마루에는 빗물이 고였으며 대문도 제대로 달리지 않은 산비탈의 집에서 사계절을 보냈다. 그 일 년은 내 어린 날의 가장 암울한 시기였다.

장마가 끝나고 탱탱하게 해가 났지만 여느 여름과 같을 수가 없었다. 여름이면 푸지게 먹던 복숭아를 그핸 먹지 못했다. 복숭아를 살 수 있었더라도 대문 없는 그 집에선 먹을 수 없었다. 좁은 마당을 사이에 두고 세를 들어 사는 집이 네다섯 가구가 모여 있었기 때문이다. 시장에 갔다가 어머니가 잘 익은 백도 껍질을 죽 벗겨 얼른 입에 넣어준 것이 그 해 복숭아 맛을 본 유일한 것이었다.

나는 푹푹 찌는 여름에도 방에서 잘 나오지 않았다. 좁은 골목과 낮은 지붕이 잇대어진 그 동네가 싫었고 무엇보다 코를 질질 흘리며 딱지치기나 구슬치기를 하는 사내아이들을 마주칠까 두려웠다. 동네 입구에서 엿을 만드는 집의 딸이 알은체를 하며 다가올 때면 들척지근한 냄새에 비위가 상했다. 길 맞은편의 신식 주택에 사는, 아버지가 대학교수인 우리 반 미란이를 만나는 것도 언짢고 거슬렸다. 나는 점점 말이 없어져 열 살의 계집애인 주제에 애늙은이처럼 되어갔다.

아버지는 다시 취직을 했고 우리는 다음해 햇살 좋은 날을 골라 대궐 같은 집으로 이사를 했다. 비록 회사의 사택이긴 했지만 큰 성으로 입성하는 성주의 딸이 된 기분이었다. 지루한 장마가 지나고 여름이 오자 대청마루 끝에는 복숭아를 담은 바구니가 항상 놓였다. 마당에 평상을 펴고 식구들이 둘러 앉아 수박화채도 먹었다. 어머니는 우리들의 보양식으로 닭백숙을 자주 해 주셨다. 산비탈의 대문도 없던 그 집을 서서히 잊어갔다.

올 여름에는 수밀도를 실컷 먹었다. 여섯 살 난 여동생의 손을 잡고 빗물에 푹 젖어 걸었던 복숭아밭의 근처에 사는 친구가 보내왔다. 오랜 시간이 흘러도 뒤벼리 고개를 넘던 그날의 기억은 왜 그리 생생한지 모르겠다.

– 노란 장화

온갖 신발을 신처럼 모시는 회사에서 일하는 아버지 덕분에 내 발은 호사를 누렸다. 서부경남의 신발 총판을 맡은 아주 큰 회사였다. 기차표, 왕자표, 말표, 범표 신발은 무엇이든 내 것이 될 수 있었다. 눈에 잘 띄진 않지만 약간의 흠이 있는, 상품으로서의 가치가 없는 신발을 마음껏 신었다. 그런 제품은 원가 이하로 언제든 살 수 있는 특권이 아버지에겐 있었다. 학교를 졸업하고도 한참까지 나는 아버지 회사의 불량한 신발을 신었다.

우리가 사는 사택은 보기 드물게 고래등같이 덩실한 기와집에다 솟을대문이었다. 넓은 마당에는 텃밭이 있고 어머니의 꽃밭은 봄부터 가을까지 화려했다. 때론 동네 아이들의 놀이터도 되어 주었다. 겉으로 보기에 나는 부잣집 맏딸이 틀림없었다. 꽃고무신이나 하얀 운동화, 여름이면 고운 색깔의 슬리퍼도 새것으로만 신었다. 한번은 짝의 운동화가 너무 낡아 일부러 바꿔 신고 오기도 했다. 왕자표 신발을 신으면 36색 왕자표 크레파스를 가진 친구 앞에서도 어깨에 힘이 들어갔다. 힘차게 달리는 말이 그려진 말표 운동화를 신고 뛰는 고무줄놀이에선 아무도 나를 따라 잡지 못했다. 알록달록한 슬리퍼를 신고 여름 방학이면 자주 이모 집에 놀러갔다. 기차만 타면 금방이었다.

아버지의 무한 혜택을 받고 있다고 생각한 것은 노란 장화 때문이었다. 큰길 외에는 포장된 길이 거의 없던 어린 시절, 비만 오면 동네의 길들은 질척거려 걷기에 불편했다. 학교를 오가는 길도 마찬가지였다. 장마가 시작되자 내 노란 장화는 반짝반짝 빛을 발했다. 자세히 보면 발목 부분에 약간 뒤틀림이 있는 제품이었지만 아무도 눈치채지 못했다. 기획 상품으로 장화에 노란 우산까지 딸려 나왔다. 비닐우산도 귀하던 때, 나는 방수천으로 만들어진 노란 우산에 장화를 신고 빗물이 고인 진득한 골목길과 운동장을 거침없이 다녔다. 그때만큼 내 인생에 광휘가 난 적은 없었다. 어머니가 시내의 큰 양장점에서 자투리 천을 얻어다 만든 꽃무늬 원피스랑 노란 장화는 썩 잘 어울렸다.

그해 장마는 길었다. 모두들 빨래가 안 마른다고 걱정이었고 건너편 쌀가게에선 곡식들이 물기를 머금어 썩어 간다고 난리였다. 나만 신명나게 온 동네를 쏘다녔다. 집 울타리에 노란 호박꽃이 비에 젖어 힘을 잃든 말든, 비 때문에 우물가에 곰팡이가 파랗게 돋아나든 말든 상관이 없었다.

장마가 끝나고 애호박전을 부쳐 먹고 가지나물이 상에 오르고 오이냉국이 시원해질 때쯤 이른 태풍이 찾아 왔다. 마당의 고춧대가 쓰러지고 키다리 달리아가 맥없이 주저앉던 날, 노란 장화에 물이 들어오기 시작했다. 하품이기 때문이라며 아버지는 미안해하셨다. 이번에는 빨간 장화를 갖다 주셨다. 나는 전처럼 신명이 나지 않았다. 빨간 장화를 사 온 뒤로 비는 내리지 않았다. 늦더위가 찾아와 사람들은 여름 나기가 어렵다고 또 푸념을 했다. 나 또한 무더위에 지쳐 할 수만 있다면 밀림제과점의 소프트 아이스크림과 빨간 장화를 맞바꾸고 싶었다.

이상한 일이다. 그날 이후 빨간 옷을 사거나 빨간 우산을 사면 가뭄이 들었다. 작년 봄에 서울의 거리에서 갑자기 비를 만났다. 편의점에 뛰어들어가 빨간 우산을 샀었다. 지난해에는 울산 땅에 장마도 비켜가고 여름 내 비 한 방울도 내리지 않았다. 폭풍우를 수반한 태풍도 없었다.

– 수국

아버지의 박봉으로 여섯 식구를 건사하고 네 남매를 공부시키기엔 턱없이 부족했을 것이다. 그래도 무슨 요술을 부리는지 중고등학교 때 수업료 고지서를 가져가면 반드시 다음날 돈을 주었다. 학교 서무실에서도 나는 특별했다. 고지서를 주기도 전에 미리 갖다 내기도 했으니까. 아버지는 월급을 받아오면 수업료부터 떼어 내어 장롱 깊숙한 곳에 넣어두었을 것이다.

어머니는 마이더스 손을 가지셨다. 음식도 그랬고 생활용품도 돈을 들이지 않고 뚝딱 만들어 내곤 했다. 헌 옷을 뜯어 새것처럼 만들어 우리들에게 입히는 것은 기본이었다. 삼천포 해수욕장에 가는 날은 낡은 옷을 잘라 멋진 수영복도 만들어 주었다. 영화광인 아버지는 가끔 영화표를 사는 것 외에는 허투루 돈을 쓰는 법이 없었다. 친구들과도 어울리지 않으셨다. 아마 두 분의 그런 내핍 생활이 아니었다면 우린 공부도 하지 못했을 것이다.

어느 날 아버지는 이렇게 살다가는 땅 한 뙈기 자식들에게 물려줄 수 없다고 길게 한 숨을 쉬셨다. 때마침 서울의 고모네서 좋은 조건으로 아버지를 스카우트했다. 큰 택시 회사를 하던 고모는 재정 관리를 해 줄 사람이 필요했다. 아버지는 신발회사를 그만두고 어머니와 서울로 가셨다. 나와 동생이 막 직장생활을 시작했고 나머지 두 동생은 아직 학교를 다닐 때였다. 내 처지가 서러웠다. 돈 같은 것은 그렇게 필요하지 않았다. 여섯 식구가 한집에 살고 싶었다. 부모가 없는 집은 황무지였고 어깨도 매일 뻐근하게 저렸다.

그 여름은 장마가 끝나고도 지루하게 비가 내렸다. 온 집은 습기로 가득했다. 제대로 먹지 못해서 우리는 비쩍 말라갔다. 드디어 마루의 구석진 곳에 청태가 앉더니 책장이며 책에도 그 진한 놈들이 자리를 잡기 시작했다. 참다못해 어머니께 전화를 했다. 한참을 아무 말 없이 전화기만 들고 있는 내 마음을 알았는지 아버지만 두고 내려오신다고 했다. 마당의 수국이 한창 탐스럽게 피어 둥근 얼굴을 대문 쪽으로 내밀고 있던 날이었다. 뜬금없이 수국이 예쁘게 피었다고 했다. "그래, 수국 보러 가꾸마." 어머니는 나직이 위로의 말을 했다. 수국이 시들어 갈 무렵 어머니가 대문으로 쑥 들어 오셨다. 어머니는 오자마자 이불이며 명주 옷가지, 그리고 책들을 꺼내 거풍을 시켰다. 물기 머금었던 내 마음도 꾸덕꾸덕 말라 통근길이 즐거웠다. 그리고 거리의 플라타너스 잎이 다 떨어져 가던 겨울의 초입에 아버지가 서울 일을 청산하고 다시 신발회사로 돌아왔다. 고맙게도 회사에서 끈질기게 아버지를 설득한 덕분이었다. 우리 식구는 다시 뭉쳤다.

얼마 전 어머니 제삿날이었다. "어머니, 장맛비가 오락가락하는 이맘때가 되면 마당의 수국이 활짝 피어났지요.” 동생이 제문을 읽을 때 그만 울고 말았다. 수국이 활짝 핀 그 여름, 나는 외로웠고 덩그런 집에 남은 우리 네 남매가 안쓰러웠다.

올핸 마른장마다. 봄부터 비가 내리지 않아 곳곳에 갈라진 저수지 바닥을 보니 내 마음도 메마르고 팍팍하다. 계속되는 비로 남강에 붉덩물이 거세게 흐르던 그 여름, 부모의 부재로 마음 둘 곳이 없던 우리는 자주 감자전도 부쳐 먹고 수제비도 끓였다. 온 집안에 퀴퀴하게 물비린내가 나던 그때가 새삼 그립다. ‘후드득후드득’ 빗소리가 들리기를 고대해 본다. 비가 내리면 부추김치전을 부쳐야겠다.

개망초

헛되고 헛된 것들의 접두사 '개' 나라 잃은 설움의 누명을 몽땅 뒤집어 쓴 '망초' 마음 밖으로 밀려난 개와 망초가 모여 붙여진 개망초가 들판과 둔덕에 지천이다.

장골너머 어머님의 묵정밭에는 올해도 어김없이 개망초가 무리 지어 피어났다. 아이 키만큼이나 자라 '날 좀 봐라, 이래도 무시할 테냐.' 온몸으로 시위를 한다. 장마 지난 뒤라 맹렬한 기세로 영역을 넓힌다. 그렇게 사력을 다해 피어본들 개망초가 아닌가. 누가, 장하다 고맙다 기특하다 수고했다고 말할 사람은 아무도 없다.

희고 작은 꽃은 곱고 여린 듯 보이지만 지칠 줄 모르는 끈질긴 생명력으로 삼복더위를 거뜬히 넘겨 초가을까지 핀다. 뽑고 또 뽑아도 어느새 자라나 '개같이 망할 놈의 풀'이라고 농부들의 눈에 가시처럼 불리면서 허드레 땅을 온통 점령하고 있다.

무릇 여름 꽃이란 불꽃처럼 타오르는 빛깔을 뿜어 태양과 맞서 싸워야 한다. 농염한 칸나가 그러하듯이. 그리움을 담은 붉은 백일홍의 자태처럼. 해바라기같이 큰 화판을 달고 태양을 향해 일편단심 흠모의 정을 듬뿍 담아야 한다. 채송화는 어떤가. 땅에 납작 엎드려 오로지 제 빛을 그대로 머금어 갖가지 보석을 흩뿌려 놓는다. 수탉의 벼슬처럼, 어떤 상황에도 굴하지 않을 각오를 보여주는 맨드라미의 위엄이라도 갖추어야 여름 꽃이다. 작렬하는 태양의 기운을 피해 풀숲에 숨어서 기어다니다 슬쩍 한 송이 피워 '하, 요것 봐라.' 감탄을 부르는 메꽃도 있다. 그도 저도 아니라면 달맞이꽃처럼 밤에만 피어 그 애잔한 모습으로 뭇 사람의 사랑을 받아도 족하다.

개망초는 속없이 다 보여주고도 관심을 끌지 못한다. 참을성이 부족해 뾰얗고 작은 얼굴을 하늘을 향해 꼿꼿이 든 채 이글거리는 태양을 향해 '어찌하오리까?' 무모할 만큼 도전적이다. 뜨거움도 느긋함도 없다면 그건 여름 꽃이 보여 줄 태도는 아니다. 그러니 가여운 사랑도 받지 못한다.

꽃이기에 예쁠 때가 왜 없을까. 골목의 그늘진 곳에서 올망졸망 모여 아이들이 소꿉놀이를 한다. 풀꽃 같은 색시가 볼이 오동통한 유치원생 신랑에게 한상 그득 차린 밥상을 올린다.

"계란프라이 드세요."

풀을 찍어 올리고 꽃잎도 따서 담았다. 모래도 소복, 물도 찰랑찰랑 담긴 밥상 가운데 플라스틱 소꿉 접시에 담긴 개망초 한 송이. 흰 혓꽃이 촘촘하게 돌려나고 가운데 노란색 화판이 선명하다. 영락없는 계란프라이다. 밥상의 완성은 개망초 꽃이다. 꼬마 신랑은 '냠냠 쩝쩝' 입으로 소리를 내가며 먹는 시늉을 한다. 우리 모두 계란꽃이라 부르지 않았던가. 그 흐뭇한 광경을 보면 개망초란 이름의 오해를 풀어 주고 싶다.

쏟아지는 빗속을 뚫고 찾아간 고려의 마지막 왕인 공양왕릉에서도 마찬가지다. 삼척을 지날 때면 끌리듯 이곳에 들르게 된다. 망국의 한을 안고 언덕배기에 누운 왕의 무덤은 범부의 그것과 다름없이 초라하다. 풀꽃이라도 한 다발 묶어 올리며 그 영혼을 달래고 싶다.

사라진 왕국의 왕릉 앞에는 문인석, 무인석도 없다. 그런데 비 내리는 날 왕릉을 지키고 있는 것은 뜻밖에 개망초다. 은은한 보랏빛 개망초 꽃은 어찌나 맑은 얼굴을 하고 있는지 나도 모르게 '그래 너로구나' 신통하고 고마운 마음에 그윽이 내려다본다. 보랏빛 개망초는 귀하다. 그것도 무더기로 피어 그 세를 과시하는 것이 아니라 무덤 주위로 군데군데 피어 청정한 기운을 뿜어내고 있다.

나라 잃은 게 제 탓이 아니건만 멀리 북아메리카에서 귀화

한 꽃이니 '망초'라고 부른들 어떠하냐고 누명을 쓴 꽃. 그 꽃이 망국의 한을 안은 왕릉을 지키며 해맑게 웃고 서 있다. 이래도 내가 개망초 꽃이냐고 항변도 없이 침묵으로 일관한다. 아무도 찾아와 주지 않는 왕릉 주변은 보랏빛의 일렁임으로 눈부시다. 공양왕릉은 때 아닌 호사를 누리고 있다.

춘자, 끝조, 말녀, 필남, 갑년이는 어릴 때 친구들의 이름이다. 영리하고 또 고운 마음씨를 가졌던 그녀들은 이름 때문에 늘 손해를 봤다. 수십 년을 그렇게 살다가 개명을 했다. 아들을 낳기 위한 도구로써가 아니라 내 삶의 주인이 되는 이름으로. 개망초꽃에게도 그만이 가진 빛깔과 향기에 알맞은 이름을 불러주고 싶다.

이 땅에 발을 붙이고 사는 썩 훌륭한 이름을 가진 사람들에게 부탁하고 싶다. 뙤약볕의 기운이 왕성할 때 속초의 공양왕릉에 가볼 일이다. 왕릉을 지키며 수줍게 서 있는 꽃 이름이 '개망초'가 가당키나 하냐고. 괜히 내가 억울하여 뭇사람들에게 개명신청을 한다.

돌의 나라 돌 이야기

안데스의 오지에 꽁꽁 숨어 있는 잉카의 고대도시를 다녀온 후 무중력 상태로 떠다녔다. 도대체 발이 땅에 닿지 않았다. 바위산 꼭대기에 있는 태양의 도시 마추픽추에는 수많은 돌이 공중에 매달려 있었다.

시인인 그녀가 잉카 트레일을 따라 마추픽추로 갔다. 나처럼 돌을 보러 가는 것이 아니라 체 게바라와 파블로 네루다를 만나기 위해서라고 했다. 그런데 돌아와서는 돌 이야기만 늘어놓았다. 잉카의 옛 수도 쿠스코의 골목길과 태양의 신전 코리칸차, 그리고 쿠스코 동쪽의 거대한 석벽 삭사이와망에서 본 돌들은 시간의 무게를 가늠하기 힘들었다고 흥분했다. 잉카의 돌에 고여 있는 정신은 푸르고 붉고 새하얗다고 색감을 넣어 시처럼 읊조렸다.

월터 살레스 감독의 영화 〈모터사이클 다이어리〉를 그녀와 함께 보았었다. 부산의 남포동 극장에서. 크리스마스 다음날이었다. 영화에서 23살의 청년 게바라가 마추픽추에 올라 감격하는 장면이 인상적이었다. 의학도인 게바라는 낡은 모터사이클을 끌고 남미 여행을 8개월이나 한다. 여행 초기에 어수룩한 행동들로 우리를 미소 짓게 했지만 많은 사람들이 고통 받고 있다는 것을 점차 깨달아간다. 그 고통을 자신의 것으로 받아들여 혁명에 눈을 뜬다. 영화관을 나와 혁명가 게바라의 초상화 휘장이 걸린 서점에서 ≪체 게바라 평전≫을 사서 읽었다. 그리고 막 스무 살을 훌쩍 넘긴 아들의 등을 떠밀어 네팔로 보낸 후 나 또한 오랫동안 계획했던 라틴 아메리카 여행길에 올랐었다.

나이를 잔뜩 먹어 세상을 바꿀 힘도 없는 그녀도 배낭을 메고 남미를 다녀왔다. 우루밤바 계곡에서 잉카 트레일을 따라 마추픽추에 올라 젊은 에르네스토 게바라가 석축에 기대어 한 밤을 보낸 곳을 찾아 헤매었을 것이다. 그녀가 인디오들이 만든 알록달록한 인형을 꺼내놓는 순간 나는 머리가 어찔하고 현기증이 났다. 라마가 유유히 거닐던 공중도시가 선명하게 떠올랐다. 거대한 바위들이 빈틈없이 맞물려 있어 이상과 현실 간의 경계가 허물어졌었다. 그들은 돌을 깎아 신전과 왕궁을 건설하고 집과 계단식 농지를 만들어 계획도시를 만들었다.

내게 수많은 물음표를 달아준 돌의 나라, 마추픽추의 안부가 그리울 때면 찾아가는 곳이 있다. 합천의 황매산 아래 있는 영암사지다. 황매산의 화강암이 굴러 내려와 쪼고 깎고 다듬어 부처님 나라를 세운 곳이다. 골짜기를 들어서면 거대한 석벽이 여행객을 맞는다. 군데군데 쐐기돌을 박아 미감을 한껏 살린 석축은 위엄을 드러낸다.

사후 45년이 지난 체게바라와 '마추픽추 산정'을 외치던 70년 전의 파블로 네루다를 숭배하는 그녀와 영화관이 아니라 영암사지로 갔다. 저 멀리 지구 반대편 안데스의 돌이 아니라 내 땅의 화강암 속살을 껴안으려 갔다.

우리가 찾아간 날은 까마득한 모산재 위로 구름이 피어오르고 엷은 무지개가 다리를 놓았다. 눈부시게 흰빛을 내는 모산재의 화강암 절벽은 절터를 병풍처럼 두르고 있어 안온하다. 비 내리는 영암사지에선 희읍스레하던 것들이 선명해진다. 비석은 사라지고 귀부만 남아 그 돌거북의 등에 떨어지는 빗소리가 정겹다. 금당의 기단에 새겨진 사자들은 겨울비에 움찔거리며 일어나 포효한다. 계단 소맷돌에 새겨진 가릉빈가는 천상의 노래를 들려준다. 여기저기 흩어진 돌들도 깨어나 수런거린다.

수십 톤의 돌을 매끈하게 잘라 짜 맞춘 석벽의 돌과 돌 사이로 면도날 하나 들어가지 않는다는 잉카인들의 돌 다루는 기술은 신기에 가깝다. 하지만 내가 읽어낼 수 있는 이야기가 없다. 돌에 깃든 것은 그들의 신화와 전설이다. 영암사지의 돌에선 온기와 숨결이 느껴진다. 우리의 정신이 담겨 있다. 하늘에 띄워놓은 듯한 쌍사자 석등은 부처의 세계를 이야기하고 이끼 머금은 탑이 빗속에서 의연하다.

비 내리는 영암사지 순례의 압권은 무지개 돌계단이다. 통돌을 깎아 만든 계단은 평소에도 발뒤꿈치를 바짝 들고 올라야 한다. 계단 폭이 좁고 가팔라서이다. 그런데 물기 머금은 돌계단은 미끄럽다. 뒤꿈치를 드는 것은 물론 몸과 마음을 다잡아야 부처님이 계신 금당으로 오를 수 있다. 인간의 탐심을 내려놓고 경건함으로 올라야 한다. 그리고 발끝을 향해 고개를 깊이 숙여야 안전하다. 불교에서 말하는 하심下心이다. 그녀가 말했다. 계곡과 돌계단 그리고 가파른 언덕을 굽이굽이 돌아 마추픽추로 가는 길은 자신을 한없이 낮추는 길이라고.

시인인 그녀는 요즈음 빨간 고물자전거를 타고 다닌다. 23살의 체 게바라가 낡은 모터사이클 '포데로사'를 타고 안데스 산맥을 가로지르듯 그녀는 온 동네를 거침없이 다닌다. 바퀴에 바람이 빵빵하다. 비 내리는 영암사지를 가보라고 아무나 붙잡고 긴 사설을 늘어놓기에 바쁘다. 파블로 네루다가 마추픽추를 향해 뜨거운 시를 헌정했듯이 그녀는 영암사 돌을 위해 시혼을 달구고 있다. 영암사지는 마음만 먹으면 언제나 달려

갈 수 있다.

많은 사람들이 마추픽추에 오른 후에 인생의 전환점을 맞아 새롭게 세상을 보는 눈을 가진다. 체 게바라도 네루다도 유명한 칠레의 민중 가수 빅토르 하라도 높은 곳에 올라 세상을 다시 본다. 마추픽추는 잉카의 문명을 하나로 묶어주는 성스러운 곳이다.

오래된 봉우리란 뜻을 가진 마추픽추는 나의 라틴 아메리카 여행의 정점을 찍었다. 그곳에서 가장 관심을 끈 유적지는 '인티와타나'라는 태양을 잡아매는 화강암 돌기둥이었다. 동지 때 돌기둥에 줄을 매달아 태양을 묶는 의식을 치렀다니 잉카인들의 천체에 대한 무한 상상력 앞에서 숙연했었다. 팥죽을 먹고 달력을 나누는 우리의 동짓날에 영암사지로 태양을 맞으러 가야겠다. 돋을볕에 잠을 깬 쌍사자석등은 태양을 머리에 이고 그림자를 길게 끌고 서 있을 것이다.

사라진 것들은 수수께끼로 남고 콘도르도 날아가 버린 폐허에 돌만 남아 콧등을 시큰하게 했던 곳이 마추픽추다. 영암사지는 부처도 절집도 없지만 비어있어 보배가 된다.

금성

– 개밥바라기별

초여름 밤이다. 사위가 어둠에 들기도 전에 서쪽 하늘에 주먹만 한 별이 떴다. 저건 별이 아닐 거야. 저렇게 큰 별이 있을 리가 없어. 틀림없이 UFO일 거야. 아직 싸라기 같은 잔별 뜨지 않은 하늘을 보며 한참을 중얼거린다.

아들이 초등학교 저학년이었다. UFO가 두 대나 나타났다고 흥분하며 앞치마 입은 나를 부엌에서 끌어냈다. 시골집 장독대에서 보니 가뭇한 서쪽 하늘에 엄청나게 밝은 금성이 떠 있었다. 그것도 목성과 입맞춤이라도 할 듯 두 별은 붙어 있었다. 별은 점점 부풀어 올라 들판과 나지막한 산을 배경으로 사나흘 짧게 우주 쇼를 펼쳐 보였다. 아들은 오랫동안 그것이 UFO라고 우겼다. 아니 굳게 믿었다.

막 해가 서산을 넘은 후 서쪽하늘에 보석처럼 빛나다가 사라지는 별이 금성이다. 시골 사람들은 초저녁에 뜨는 금성을 개밥바라기라고 했다. 해가 길어 늦게까지 밭일을 하고 돌아오면 종일 굶은 개가 주인을 보고 밥을 달라고 짖었다. 그때 서쪽하늘엔 꼭 밝은 별이 빛났다. 개가 밥을 기다리는 그 시간은 사람들도 하루를 마무리하고 저녁밥을 먹을 때였다.

평상에 누워 바라보던 큰 별이 자칫 내 얼굴에 떨어질 것 같아 슬쩍 고개를 돌리면 마당에 왕달맞이꽃이 연노란 꽃을 '팍팍' 피워냈다. 진한 멸치장국 냄새가 마당가로 퍼지는가 싶으면 애호박이랑 달걀지단, 당근을 꽃 고명으로 얹은 국수가 두레상에 차려졌다. 텃밭에서 나온 부추로 장떡을 굽기도 했다. 연탄 화덕을 평상 가까이 두고 달군 팬에 '지지직' 기름 타는 소리와 함께 구운 부추장떡은 온 동네로 냄새가 퍼지기에 이집 저집 그것을 배달하는 일은 내 몫이었다. 이웃집 개들도 참지 못해 나를 향해 컹컹 짖어대 괜히 미안했다.

식구들 여름나기가 수월해지라고 백숙도 먹었다. 황기나 인삼, 달큰한 대추 냄새가 코를 자극하면 달맞이꽃을 세던 우리는 얼른 밥상에 둘러앉았다. 마루 끝에 나와 앉은 금성 라디오에서 약간은 묵직하고 가라앉은 선율의 곡이 흘러나오면 나도 모르게 깊은 심호흡을 했다. 우리 집 담장 아래서 소프트 아이스크림을 파는 아저씨가 남은 아이스크림을 양푼 가득 담아와 슬쩍 내미는 시간이기도 했다. 개밥바라기는 아저씨의 귀가를 서두르도록 번쩍이며 빛났으니까. 그러니까 내 어린 날에는 어디서나 별별 별들이 항상 머리 위에서 빛났다.

아파트가 우뚝우뚝한 동네에선 밥 달라고 주인을 향해 짖어대는 개가 없다. 식구들이 모여 앉아 같이 밥을 먹은 일도 까마득하다. 고소한 기름 냄새를 풍겨 이웃을 부를 일은 더욱 없는데 오늘도 개밥바라기별은 선명하게 빛을 뿜어낸다. 어둠이 조금씩 짙어진다.

– 샛별 슈퍼

얼굴에 주름살이 가득한 노동자는 말했다. 새벽 별을 안 볼 수 있기를 소망한다고. 평생 일요일도 없이 해가 뜨기 전에 출근하는 그는 온전히 하루를 쉬어 보는 게 소원이라고 했다. 추운 겨울, 신새벽에 일어나 산동네를 나서면 왜 그렇게 샛별은 훤하게 광채가 나는지 모르겠다고 푸념 섞인 말을 했다. 굽은 등을 떠밀어 일터로 나가라고 재촉하는 것 같아 땅만 보고 걷는다고 하는 그 남자의 얼굴이 참 쓸쓸해 보였다. 산동네를 내려와 버스와 지하철을 갈아타고 현장을 가려면 새벽별 보기는 아주 당연한 일인 노동자. 그를 대신해 내게 주어진 하루와 또 다른 하루를 몽땅 주고 싶다.

불교에서는 석가모니가 샛별이 빛나는 것을 보고 진리를 찾았다고 전해지고 있다. 그렇다면 평생 샛별을 바라본 부지런한 노동자는 밥벌이에 대해서만은 이미 깨달음의 경지에 이르렀을지도 모른다. 그러기에 한결같이 하루하루의 삶을 살아내고 있지 않은가.

삼 년을 꼬박 별 보기를 한 적이 있었다. 장거리 통근을 할 때였다. 쨍한 하늘에 푸르게 떠 있는 새벽별을 보고 터덕터덕 걸어서 첫 버스를 타러 갈 때면 이유 없이 눈물이 났다. 내 마음을 훤히 꿰뚫어 보는 어머니는 된바람이 부는 날이면 정류장까지 따라 나서곤 했다. '밥벌이가 뭐라고.' 어머니는 곁에서 웅얼거렸고 나는 첫차를 놓칠까 봐 바쁜 걸음을 옮겼다. 차갑고 시린 별 보기를 하면서 나는 점점 어른이 되었고 밥벌이의 소중함을 깨달았다. 같은 별 금성이라도 개밥바라기와는 달리 샛별은 시득부득 말라가는 고단함으로 남아있다. 스무 살을 조금 넘긴 내게 밥벌이는 결코 쉽지 않은 일이었다.

잊을 뻔했다. 고요해서 텅 빈 듯한 동네에 샛별 슈퍼가 있었다. 오랫동안 바깥출입을 하지 않는 시인을 만나러 물어물어 찾아간 동네 초입에 있는 작은 가게였다. 나는 과일을 사서 낑낑대며 수많은 계단을 올라야 했다. "이 동네는 높아서 샛별이 잘 보이나 봐?" 뜬금없는 내 물음에 "나는 새벽형 인간은 아니야." 짧게 답했다. 세상살이가 고단한 시인도 새벽에는 상처가 풀잎처럼 돋아나는 모양이었다.

내려오다 보니 아랫동네에 샛별이 죽죽 이어졌다. 샛별문구 옆에 샛별피아노학원이 있고 좀 더 내려오니 샛별빌라도 있었다. 환한 대낮에 대하는 그 샛별들은 데면데면하다. 도심과 떨어져 퇴락해가는 산동네에선 낮에 보는 샛별도 그저 처연했다. 예나 지금이나 민초들에게는 붉은 개밥바라기든 푸른 샛별이 되었든 지치고 고된 일상의 빛이었다.

– 비너스

김홍재가 지휘하는 울산시립교향악단의 가을 연주곡은 홀스트의 〈행성〉이다. 그중 제2곡인 금성을 듣고 있다. 모성과 여성성을 상징하는 비너스는 평화의 신이다. 서양 사람들은 금성을 비너스로 부른다. 샛별도 개밥바라기도 아닌 비너스란 얼마나 달콤하고 부드러운가.

영국의 작곡가 구스타프 홀스트는 천재다. 그는 100여 년 전 〈행성〉이라는 경이로운 작품을 남겼다. 이 곡은 홀스트가 온 힘을 기울여 만든 회심의 역작이다. 총 7개로 된 각각의 곡은 화성, 금성, 수성, 목성, 토성, 천왕성 해왕성 등 태양계의 이름을 가지고 있다. 그중 가장 사랑받는 곡은 제4곡 '목성'인 주피터다. 장엄하면서도 빠르고 유쾌한 이 곡은 축제분위기를 한껏 발산한다. 여섯 대의 호른이 내는 소리는 위풍당당하다. '아, 이곡.' 하면서 단번에 고개를 끄덕이게 만드는 목성은 9시뉴스데스크의 시그널 음악으로도 쓰였다.

탁월한 관현악 기법의 〈행성〉은 할리우드의 우주를 배경으로 하는 영화에 단골로 나오기에 우리에겐 익숙하다. 특히 제1곡인 화성은 '스타워즈'의 주제음악이다. 홀스트는 제1곡 화성을 전쟁의 신인 마르스로 표현했다. 파멸과 죽음의 강렬함을 나타내기 위해 모든 금관악기가 총동원되어 다이나믹하게 표현된다. 그 곡을 듣고 있노라면 스타워즈의 불꽃 튀는 장면이 저절로 연상된다. 실제로 화성은 붉은색을 띠고 있어 물씬 공포 분위기를 자아낸다.

금성은 목성이나 화성처럼 인기 있는 곡이 아니다. 앞에 앉은 관객은 꾸벅꾸벅 졸고 옆지기는 지루함으로 자꾸 몸을 뒤척인다. 아무래도 금성이나 목성처럼 귀에 착 감기는 맛은 없다. 천왕성처럼 신기한 멜로디도 수성이 주는 아기자기함도 빠져 있다. 그러나 홀스트의 금성을 들으면 나를 가만히 내려놓게 된다. 소리가 나를 끌고 천천히 우주로 다가가는 기분이다.

가을밤에 울산시립교향악단이 연주하는 금성에 빠져든다. 오보에의 감미로운 흐름과 함께 개밥바라기가 겹쳐진다. 개밥바라기가 뜨는 어스름한 저녁의 평화로움이 오보에 소리와 닮았다. 새벽별을 표현한 듯 착 가라앉은 바이올린 소리도 좋다. 그렇다면 이 곡은 비너스로 부를 수밖에 없다.

단맛에 끌리다

커피를 내린다. 갓 볶은 콩은 진한 향을 풍긴다. 드리퍼에 종이 필터를 놓고 잘 분쇄된 커피를 넣은 다음 뜨거운 물을 부어 잠깐 뜸을 들인다. 커피가 저 혼자 부풀어 오른다. 무슨 음식이든 뜸을 들여야 오롯한 제 맛을 낸다. 음식만 그러할까. 말이든 행동이든 잠깐의 뜸들임이 있어야 여유롭게 속속들이 잘 익는다.

뜨거운 물을 조금씩, 둥글게 원을 그려가며 붓는다. 고운 입자가 미세한 소리를 내면서 거품이 인다. 한 걸음씩 조심스럽게 누구에겐가 다가가고 싶었던 그때처럼 손이 떨린다. 아니 마음이 떨리는 게지. 투명한 유리서버에 서서히 커피가 내려온다. 나를 위한 한 잔의 커피가 완성되는 시간이다. 그래, 이 맛이야. 부드러운 꽃향기, 달콤한 신맛의 에티오피아 예가체프를 한 모금 음미한다.

예고도 없이 외로움이란 것이 몸을 훅 감아올 때 커피를 마신다. 적막을 즐기기 위해서다. 밀크커피 마니아였던 아버지가 본다면 시커먼 탕약이지, 그게 무슨 커피냐고 한마디 하실지도 모른다. 결백성에 사회적응력마저 부족했던 아버지는 주변에 사람이 없었다. 영화관도 여행도 나홀로였다. 당신이 혼자서 하는 여러 가지 중에 최고의 호사는 단연 커피를 마시는 일이었다. 아버지만의 전용 커피 도구가 있었는데, 간단한 인스턴트커피를 만드는 데도 깐깐한 규칙이 있어 손놀림도 예사롭지 않았다. 평생 남의 집에서는 밥 한 그릇 먹지 못하고 주머니에 돈이 없으면 대문밖에도 나서지 않았던 외통수 기질은 커피 타는 일에서도 그대로 드러나곤 했다. 외로움의 표출이었다.

정년퇴직을 하고 집에 있는 시간이 많아지자 아버지의 커피 마시는 횟수도 늘어났다. 혼자 노는 일에 익숙한 아버지도 가끔은 지루해하셨지만 커피를 마시는 시간만은 한없이 평안해 보였다. 향이나 맛을 음미하는 게 아니라 그 자체의 행복을 즐겼다. 그런 아버지께 몸에 좋은 차라며 녹차를 권한 적이 있다. 다솔사의 유명한 야생차였다. 스님께 배운 대로 물의 온도를 맞추고 우려내는 시간도 잘 지켜 아버지께 올렸더니 첫 마디가 "살면서 떫은맛을 많이 봐서 그런지 이 차는 아니구나." 딱 잘라 말씀하셨다. 떫기만 한 것이 아니라 그 속에 단맛은 물론 구수한 맛도 있다고 스님께 들은 말을 전했지만 차라리 쓴맛이 낫지 떫은맛은 싫다고 고개를 저었다. 나는 왜 떫은맛이 쓴맛보다 못한 건지 묻지 않았다. 익지 않은 풋감을 베어 물었던 날 종일 입안을 무겁게 눌렀던 떫디떫은 맛을 기억하고 있었기 때문이다.

아버지의 절대적인 결점은 남의 마음을 내 마음처럼 읽어버리는 것이었다. 때문에 사업은 실패를 하고 장맛비 내리는 유월, 우리 식구는 거리로 나서게 되었다. 몇 년을 남의 집 셋방을 전전하다 우여곡절 끝에 집을 장만하였다. 아담하고 마당이 예쁜 집이었지만 보름 만에 또 쫓겨났다. 아버지가 사기를 당한 것이었다. 그 사건은 아버지께 지독한 떫은맛으로 남았다. 그런 뒤통수를 내리치는 일을 당할때마다 아버지는 설탕이 듬뿍 든 커피를 연거푸 들이켰다.

나는 요즘 녹차 마시는 횟수가 줄고 있다. 녹차가 내 몸과 그다지 맞지 않다는 의사의 진단도 있었지만 수십 년을 마신 그 맛이 아직도 혀에 착 감기지 않는 탓일지도 모른다. 대신 아버지처럼 나 홀로 커피를 마신다. 쓴맛과 단맛이 묘하게 어울려 오래 여운이 남는 커피를. 비 갠 뒤 구름을 두른 문수산 정상을 바라보며 마시는 커피는 구름과자를 녹여먹는 바로 그 맛이 된다.

쓴맛은 누구에게나 익숙하다. 대신 피해 갈 수 없다. 실패의 쓰디쓴 맛, 좌절이라 부르는 씁쓸한 맛, 그리고 고독과 허무의 소태맛을 보지 않았다면 기쁨이나 환희도 아무 의미가 없다. 그러다보니 그 맛은 삼킬 줄도 알고 또 시간이 지나면 잊어버리기도 한다. 그런데 아버지 말씀대로 오뉴월 산 살구 같은 떫은맛은 오래 남는다. 잊어버리고 싶은 기억까지도 새록새록 떠올리게 하는 떫은맛은 나이가 들수록 무게감을 더한다. 전에는 느끼지 못했는데 야생의 녹차에서 왜 떨떠름한 뒷맛이 나는지 알 수 없다.

나 또한 혼자 노는 일에 익숙하다. 그래서일까. 까다롭기로 소문난 커피에 빠져 하루에도 여러 잔 커피를 마신다. 눈가 주름 속에 내려앉은 고단함이 깊어져 위로를 받기 위해서다. '늙어서 고적한 것은 죽음보다 세 곱절 무겁다'고 했다. 그 무거운 고적감을 달래는 데는 커피만한 것이 없다.

다솔사 스님은 세상의 진리가 녹차 맛에 다 들어 있노라고 취재차 들른 나에게 힘주어 말했다. 속세간이 아닌 불법의 세계에 사는 구도자에겐 감미로운 꽃향기에 쓴맛의 커피는 절대 익숙해지지 않을지도 모르겠다. 하지만 질곡의 시대를 살아온 아버지에게 가슴을 살짝 내려앉게 하는 녹차는 답답한 맛이었을 것이다. 대신 설탕이 들어간 달달한 밀크 커피는 혼자 노는 아버지를 위로하기에 부족함이 없었다.

적막한 시간, 종이필터를 걸러 나온 짙은 갈색의 유혹을 거부할 수가 없다. 한 모금 남은 커피를 천천히 아껴가며 마신다. 에티오피아 예가체프가 주는 달콤한 신맛에 길들여지고 있다. 나이 들면서 쏠림 현상이 심해진다. 호불호가 분명해지는가 싶더니 입맛도 변했다. 전에는 아주 싫었던 달콤함에 슬그머니 이끌린다. 입뿐만이 아니라 마음이, 눈과 귀가 단맛에 끌려 한쪽으로 쏠리고 있다. 늙어간다는 명백한 증거이다.

박꽃이 피었습니다

루브르 박물관을 찾아갔습니다. 모나리자의 미소를 만나기 위해서. 아니 레오나르도 다빈치의 여자에 대한, 여자를 위한 심오한 통찰을 읽고 싶었습니다. 루브르를 대표하는 모나리자는 예술가의 감성을 자극하는 근간을 이루었다는 문구를 떠올리며 센 강의 다리를 지나 박물관으로 당당하게 들어갔습니다.

모나리자, 그 앞에 섰을 때 나는 까치발을 할 수밖에 없었습니다. 그래봐야 사람들의 키를 조금도 줄이진 못했지요. 등판이 넓고 어깨가 벌어진 유럽 사람들에게 가려 아무것도 보이지 않았습니다. 모나리자와 마주한 그들이 돌아섰을 때 좀 당황했습니다. 미소를 바라보던 그들의 얼굴은 정작 무표정했습니다. 겨우 틈새를 비집고 들어가 그림 앞에 한참이나 서성거렸습니다. 나 또한 입 주위의 근육이 이완되지 않아 여행에서 지친 표정을 그대로 고수하고 말았습니다.

국립경주박물관의 미술관에 와 있습니다. 〈신라의 미소〉를 보기 위해서이지요. 경주의 영묘사 터에서 발견된 얼굴무늬수막새 말입니다. 사실 경주 박물관을 내 집 드나들듯 하는 것은 어쩌면 이 막새기와 때문이기도 합니다. 미소란 평화의 또 다른 이름이기도 하니까요.

미술관 한쪽으로 고요가 비늘처럼 내려앉습니다. 혹 내 어깨에 가려 다른 사람이 박꽃 같은 미소를 그냥 지나칠까봐 뒤를 돌아다봅니다. 한 무리의 초등학생이 다가왔습니다. "이야, 천년의 미소!" "어, 국어 시간에 배운 웃는 기와다." 녀석들은 모두 함박웃음을 머금고 수막새에 얼굴을 들이밉니다. 고만고만한 등을 쓸어주고 싶습니다.

유모차를 밀고 젊은 부부가 왔습니다. 아기를 번쩍 안아 올립니다. 나는 얼른 이봉직 시인이 쓴 저 유명한 〈웃는 기와〉 시 한 편이 인쇄된 종이를 건넵니다.

기와 하나가/ 처마 밑으로 떨어져/ 얼굴 한 쪽이/ 금가고 깨졌지만/ 웃음은 깨지지 않고 // 나뭇잎 뒤에 숨은/ 초승달처럼 웃고 있습니다.

아빠는 아기에게 나직나직이 시를 들려줍니다. 세 사람의 눈이 모두 초승달이 됩니다.

배낭을 멘 생머리의 아가씨가 발소리를 죽여 오더니 목을 빼고 기와 앞으로 다가섭니다. 갑자기 싱그러운 기운이 풍깁니다. 나처럼 오래 있을 모양입니다. 자세가 점점 편안해지니까요. 그녀도 뒷사람을 배려하는지 배시시 웃으며 옆으로 비켜서네요. 나는 생머리와 나란히 서서 옛 신라인들의 목화솜 같은 푸근함을 내 안에 빼곡히 채웁니다.

굳이 설명이 필요 없는 우리의 문화재 앞에서 사람들은 모두 즐거운 표정입니다. 단체로 온 학생들, 주름이 온화한 노부부, 손을 잡은 연인, 일본인 관광객, 체크무늬 셔츠를 입은 키 큰 서양인 등 모두 해사하게 변합니다. 품이 넓어지는지 어깨를 펴고 걸어갑니다.

루브르 박물관의 모나리자 앞에 겹겹이 둘러서 있던 사람들에게 얼굴무늬수막새를 보여주고 싶습니다. 까치발을 하지 않아도 천년을 머금어온 미소를 그들에게 선물할 수 있습니다. 사실 모나리자의 미소는 보존을 위해 씻어내고 니스로 덧칠이 되어 본래의 깊이를 잃었는지도 모릅니다. 한 쪽이 깨어져 나가도 웃음은 깨지지 않았다는 웃는 기와의 절묘한 시구를 모두에게 읽어주고자 합니다. 깨어져 나간 한쪽은 너무 자연스러워 굳이 보수가 필요 없음을 시인은 진즉 알고 있었던 게지요.

지붕 끝에 미소를 함빡 머금고 앉아 신라의 하늘을 올려다보고 서라벌의 드넓은 땅을 내려다 본 얼굴입니다. 나날이 돋을볕을 받아 웃음은 깊어졌습니다. 당초문과 연화문, 인동덩굴문의 수막새들과 어울려 꽃 피우고 잎 키우는 세월을 켜켜이 그러안은 눈매가 곱습니다. 그리하여 신라를 대표하는 얼굴이 되었습니다. 머지않아 세상 사람들은 이 미소를 보려고 경주 박물관으로 밀려 올 것입니다. 그저 성긋벙긋거리며 천연덕스러운 웃음이 흐르고 흐를 것입니다.

모나리자가 작품의 미완성이라는 결핍성으로 인해 사람들은 한결같이 이 걸작에 빠져듭니다. 웃는 기와도 한쪽이 떨어져 나가 어딘가 살짝 부족한 듯하여 잔잔한 감동이 일어나는 것은 아닐까요.

사람들이 떠난 자리에 혼자 머물러 있습니다. 언제부턴가 좀 발칙한 생각을 하곤 합니다. 얼굴무늬수막새를 만져보고 싶다는 생각 말입니다. 유리벽을 통하여 마주보는 것은 답답합니다. 복숭아 같은 광대뼈에 오동통한 볼, 그곳에 내 밋밋한 볼을 대어보고 싶습니다. 도담한 입술에 내 입술을 포개어 보는 상상을 해봅니다. 그리하여 마주하고 있으면 순결한 긴장감이 돕니다. 비록 둥근 어깨는 없을지라도 슬쩍 안아주고도 싶습니다. 잠겨있던 시간의 빗장을 풀어내고 웃음으로 치환된 신라인의 얼굴에 내 얼굴을 겹쳐봅니다. 그렇게 우리의 만남은 나 혼자 출렁이다 수긋한 채 돌아섭니다.

어둑한 미술관 한 쪽에 환하게 박꽃이 피었습니다. 땅거미 내려 어스레한 저녁에 피던 초가지붕위의 그 하얀 박꽃이 말입니다. 조상들은 기와지붕에도 박꽃을 올렸나봅니다. 얼굴무늬수막새는 별이 스러져 숨은 자리에 해맑게 꽃으로 피어났지요.

여름 한낮, 소나기가 시원스레 내리꽂힙니다. 미술관 창에 빗살무늬 토기가 여러 개 그려집니다. 모나리자의 미소가 갑자기 박꽃 위에 겹쳐집니다. 빗소리가 요란한 탓입니다.

배혜숙 수필집
토마토 그 짭짤한 레시피

인쇄 2017년 02월 10일
발행 2017년 02월 15일

지은이 배혜숙
발행인 서정환
펴낸곳 수필과비평사
주소 서울시 종로구 삼일대로 32길 36(익선동 30-6 운현신화타워 빌딩) 305호
전화 (02) 3675-3885, (063) 275-4000 · 0484
팩스 (063) 274-3131
이메일 sina321@hanmail.net essay321@hanmail.net
출판등록 제300-2013-133호
인쇄 · 제본 신아출판사

ISBN 979-11-5933-077-3 03810
값 13,500원

이 도서의 국립중앙도서관 출판예정도서목록(CIP)은 서지정보유통지원시스템 홈페이지(http://seoji.nl.go.kr)와 국가자료공동목록시스템(http://www.nl.go.kr/kolisnet)에서 이용하실 수 있습니다.(CIP제어번호: CIP2017003451)

Printed in KOREA